신인 작가를 위한 실전강의
스토리텔링 7단계

신인 작가를 위한 실전강의

스토리텔링 7단계

마루야마 무쿠 지음 | 한은미 옮김

도트

책머리에

이 책은 '어떻게 스토리를 만들 것인가?'에 대해 고민하는 분들을 위해 스토리텔링에 대한 기본 지식을 매뉴얼 형태로 정리한 것입니다.

스토리텔링은 요리를 하거나 도자기를 만들 때와는 달리 정해진 순서나 규칙이 있는 것은 아닙니다. 줄거리를 먼저 정해도 되고, 쓰기 전에 등장인물부터 정해놓아도 상관없습니다. 문득 떠오르는 장면이나 대사부터 써놓고 거기에 이미지를 입혀서 늘려 나가는 것도 괜찮습니다.

그렇다고 해서 난생 처음으로 글을 쓰는 사람에게 "뭐든지 좋으니 내키는 대로 한번 써보세요."라고 말한다면 오히려 더 당황하지 않을까 싶습니다.

제가 글쓰기 교실과 대학에서 스토리텔링 강의를 하면서 항상 들었던 생각은 요리 교본에서 '생선 손질법' 같이 매우 기초적인 것을 가르쳐주듯이 글쓰기 교본에도 '줄거리 만들기'와 같은 지극히 기초적인 매뉴얼이 있다면 편하지 않을까 하는 것이었습니다.

그래서 '스토리텔링 간편 매뉴얼' 같은 형태로 만든 것이 이 책입니다.

이 책은 '이야기 전체의 흐름 만들기'→ '주요 캐릭터 만들기'→ '디테일과 연출 정하기' 등의 순서로 진행되지만 반드시 이 순서를 따를 필요는 없습니다. 글쓰기를 하면서 막혔던 부분이나 고민되는 부분부터 읽기 시작해도 되며, 자신이 가장 쓰고 싶은 부분에 해당하는 곳부터 읽기 시작해도 무방합니다.

수업은 함께 이야기를 주고받으며 진행하는 실습 형태로 되어 있고, 구체적으로 '이렇게 하면 쓸 수 있다'라는 수순으로 구성되어 있습니다. 따라서 이 책을 읽는 동안 반드시 펜을 들고 직접 글을 써보시기 바랍니다.

여러분 자신이 가장 쓰고 싶은 이야기를 쓸 수 있게 되기를 바라며, 거기에 이 책이 미력이나마 도움을 드리게 된다면 기쁘겠습니다.

– 마루야마 무쿠

목차

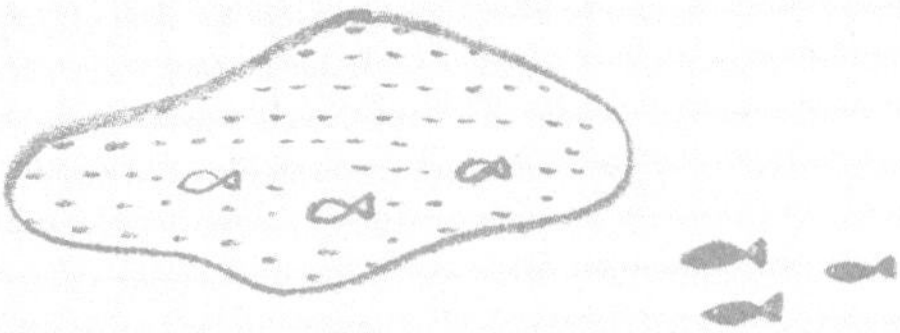

Lesson 2
스토리 전체의 흐름 만들기

Lesson 3
캐릭터 만들기

Lesson 4

주인공 만들기

Lesson 5

적대자 만들기

Lesson 6

조력자 만들기

Lesson 7

디테일과 연출

자신의 현재 상태를 파악하라

"글을 쓰고 싶은데 잘 써지지가 않아요."

글을 쓰는 분들은 누구나 이런 이야기를 합니다. 그 원인에 대해서는 다음과 같이 다양한 가능성을 생각해볼 수 있습니다.

- '이야기의 줄거리' 즉, 스토리라인이 정해지지 않았다.
- 대략적인 줄거리는 정해졌지만 주인공의 성격이 뚜렷하지 않다.
- 스토리와 캐릭터는 정해졌는데, 막상 글을 쓰다 보니 정보가 부족하다는 것을 깨닫고 답보 상태에 머물러 있다.
- 이 모든 것이 갖춰져 있음에도 불구하고 시간이 없거나 환경이 조성되지 않아서 지금껏 시작하지 못하고 있다.

우선은 현재의 내가 어떤 상태인지를 정확하게 파악하는 것부터 시작하시기 바랍니다.

종이와 펜을 준비하십시오. 컴퓨터를 사용해도 좋지만 저는 손으로 쓰는 것을 권장합니다. 몸을 조금이라도 더 움직이는 편이 뇌를 자극해서 아이디어가 떠오를 수 있도록 도와주기 때문입니다.

STEP 1

여러분이 지금부터 쓰고 싶은 작품에 대해서 생각나는 대로 메모를 하십시오. 중구난방으로 정리되지 않는 단상이라도 상관없습니다. 지리멸렬한 문장일지라도 이 단계에서는 여러분 자신이 무슨 말인지 알아볼 수만 있으면 됩니다.

여하튼 지금 여러분 안에 있는 모든 것을 끌어낸다는 생각으로 쓰십시오.

다 쓰셨습니까?

그렇다면 그 메모를 토대로 다음의 질문에 답해주십시오. 대답할 수 있는 질문에는 답을 적고, 대답하기 힘든 질문에 대해서는 '나중에 정함'에 체크해주시기 바랍니다.

이때 주의할 점은, 억지로 공란을 메우려고 애쓰지 말라는 것입니다. 아직은 준비 단계에 불과합니다. 모르는 것, 아직 확실하게 결정되지 않은 게 많다는 것이 지극히 당연합니다. 대답할 수 없는 질문은 통과하십시오.

STEP 2

작품의 제목은?

□ 나중에 정함

이 작품은 어느 시대의 이야기입니까?

□ 나중에 정함

이 작품은 어디를 무대로 하고 있습니까?

□ 나중에 정함

이 작품의 주인공에 대해서 이야기해주십시오.

- 이름

□ 나중에 정함

- 나이 세

□ 나중에 정함

- 직업

□ 나중에 정함

- 성격

□ 나중에 정함

이 작품은 한마디로 말해서 주인공이 무엇을 하는 이야기입니까?

예 사랑하는 이야기, 적이나 라이벌을 물리치는 이야기, 여행하는 이야기, 어떤 일을 성취하는 이야기 등등

- 주인공이

□ 나중에 정함

주인공은 작품 안에서 앞의 항목에서 들었던 목표(사랑한다 · 적을 물리친다 등)를 달성합니까?

□ 달성한다 □ 달성하지 못한다 □ 어느 쪽도 아니다

□ 나중에 정함

이 작품의 결말은 해피엔딩입니까, 아니면 새드엔딩입니까?

□ 해피엔딩 □ 새드엔딩 □ 어느 쪽도 아니다

□ 나중에 정함

완성된 작품을 읽으면서 독자들은 어떤 느낌을 받을 것 같습니까?

예 가슴이 설렌다, 감동을 받는다, 마음이 상쾌해진다 등등

□ 나중에 정함

작품의 내용을 세 줄 이내로 간략하게 요약해주십시오.

예 배경은 14세기의 이탈리아. 반목하는 두 집안에서 태어난 로미오와 줄리엣은 서로 사랑에 빠지지만 계속되는 불행한 엇갈림 속에서 두 사람

의 사랑은 결국 맺어지지 못한다.

□ 나중에 정함

어떠셨나요? 공란을 어느 정도 메우셨나요?

"질문에 답하는 동안에 작품의 윤곽이 어느 정도 잡혔어요." "쓰면서 새로운 아이디어가 떠올랐습니다." 이렇게 대답한 사람은 잊어버리기 전에 방금 한 그 말도 메모해두시기 바랍니다.

"쓰는 동안에 의욕이 차올랐어요. 당장이라도 글을 쓰고 싶어요."라고 느끼신다면 축하드립니다! 부디 고조된 기분이 가라앉기 전에 글쓰기를 시작하십시오. 또한 억지로 이 책을 끝까지 읽지 않으셔도 되며, 중간에 막히면 다시 돌아오면 됩니다.

"공란을 거의 채우기가 힘들었습니다." "단편적인 대사나 장면이라면 몇 가지 떠오르긴 했어요." "쓰고 싶은 내용은 잡다하게 많은데, 아무래도 하나의 작품으로 정리하기가 힘드네요."라고 말씀하시는 분도 괜찮습니다. 앞으로 하나씩 해결해나가면 됩니다.

Lesson 1

스토리의 대략적인 윤곽 잡기

어느 날 글을 쓰고 싶은 마음이 맹렬하게 끓어올라서 새 노트를 사옵니다. 혹은 컴퓨터에 새로운 파일을 만들고는 '자, 이제 슬슬 시작해볼까?'라며 팔을 걷어 부치고 글쓰기에 돌입합니다.

처음에는 기분이 고조되어 술술 써나가지만 며칠이 지나고 나면 서서히 속도가 떨어집니다. 하필 그럴 때 급한 용무가 생기거나 도저히 빠질 수 없는 모임이 겹치면서 어느새 스토리는 흐지부지되고 맙니다. 이렇게 쓰다 만 스토리가 컴퓨터와 책상 위에 차곡차곡 쌓여갑니다.

이런 경험이 다들 한두 번쯤은 있을 것입니다.

도중에 포기하는 이유는 여러 가지가 있겠지만, 그 중에서도 가장 큰 원인은 스토리의 결말을 미리 정해놓지 않고 쓰기 시작한다는 것입니다.

전문 작가 중에는 "저는 결말을 따로 정해놓지 않고 쓰기 시작합니다. 그러는 편이 이야기를 더 재미있게 풀어 갈 수 있으니까요."라고 말하는 사람이 꽤 있기는 합니다.

여러분이 그런 방법으로 스토리를 마지막까지 쓸 수 있다면 이 장은 그냥 넘어가도 좋습니다. 하지만 앞에서 언급했듯이 쓰다 말다를 반복하고 있다면 조금만 더 인내하면서 계속 읽어주시기 바랍니다.

소재와 아이디어, 플롯의 차이

"어떤 이야기를 쓰고 싶나요?"라는 질문에 '감동적인 이야기' 또는 '재미있는 이야기'라고 대답하는 사람이 있습니다. 조금 더 정확히 말하자면 '독자를 감동시키는 이야기', '독자에게 재미를 주는 이야기'가 되겠지요.

그렇다면 여러분은 어떤 내용의 이야기를 써서 독자를 감동시키거나 재미를 선사하고 싶습니까?

똑같은 질문에 '라이트 노벨(일본 조어 light + novel : 오락소설 장르의 하나로 10대부터 20대의 독자를 상정한, 오락성이 높은 소설로 회화체를 많이 쓰는 등 가볍게 읽을 수 있는 내용의 작품이 많음. 이하 '오락소설'로 칭함-역주)', '아동문학'처럼

쓰고 싶은 장르를 말하는 사람도 있습니다.

"오락소설의 어떤 이야기인가요?"라고 거듭 물어보면 "음~ 그게 판타지물 같은 거?"라며 또 다시 장르를 말하는 사람이 있습니다.

"어둠의 세계에서 전개되는 이야기를 쓰고 싶어요."라며 세계관을 언급하는 사람도 있습니다.

"××라는 게임에/애니메이션에/드라마에 나온 ○○ 같은 캐릭터가 나오는 이야기요."라며 등장인물을 거론하는 사람도 있습니다.

저는 문화센터와 대학 등에서 수많은 학생들에게 같은 질문을 던져왔습니다만 '××한 주인공이 ○○해서 마지막에 △△라는 결과가 되는 이야기'라는 식의 스토리라인을 말하는 학생을 거의 본 적이 없습니다.

다른 학생들 앞에서 자신이 생각한 스토리를 발표하는 것이 내키지 않을 수도 있겠다 싶어서 종이에 써서 제출하라고 해도 비슷한 결과가 나오기 때문에, 처음부터 스토리라인을 생각하고 글을 쓰는 사람이 극소수가 아닐까 하는 생각을 하게 되었습니다.

여기서 오해를 하면 안 되는 것이, 우선 캐릭터 또는 세계관을 만든 뒤에 거기서 시작해서 스토리를 만들어나가는 방식이 나쁘다고 이야기하는 것은 아닙니다. 그런 방법으로 스토리를 끝까지 쓸 수 있다면 그것이 여러분에게 맞는 방식입니다. 스토리를 만드는 데 있어서 '이렇게 하지 않으면 안 된다'라고 하는 절대적인 규칙은 존재하지 않습니다.

하지만 지금까지 여러분이 해온 방식으로 제대로 쓸 수 없었다면 다른 방식을 시도해볼 만한 가치는 충분히 있다고 생각합니다.

그럼 지금까지의 이야기를 정리해보겠습니다.

'감동을 주는 이야기'란 독자에게 주는 효과나 영향을 말하는 것이라고 할 수 있습니다.

'오락소설'이나 '판타지물'은 장르이고, '어둠의 세계'는 이야기의 분위기나 세계관을 말합니다.

'○○ 같은 캐릭터'는 인물을 말합니다.

'원자력발전소 문제'나 '신센구미(일본의 에도 시대 말기에 조직된 무사 조직으로 NHK에서 대하드라마로 방영됨-역주)'는 소재이고, '묻지마 살인을 가장했지만 사실은 교환 살인이었다'라는 것은 아이디어입니다.

이러한 것들을 하나의 이야기로 정리하기 위해서는 그 세계에서 그 인물이 어떻게 행동하고 어떤 과정을 통해서 결말에 이르는가 하는 스토리라인, 즉 플롯이 반드시 필요합니다.

플롯 만들기

강의실에서 글쓰기 초보자인 학생들에게 "플롯(=이야기의 줄거리)을 한번 써보세요."라고 말하면 대부분의 학생들이 난처한 표정을 짓습니다. 왜냐하면 많은 사람들이 지금까지 아무도 읽은 적이 없는, 전혀 새로운 이야기를 무(無)에서 창조해내지 않으면 안 된다고 생각하기 때문입니다. 혹은 "어떤 식으로 써야 할지 모르겠다."며 글 쓰는 방법 때문에 고민하는 학생도 있습니다.

우선 '전혀 새로운 이야기를 무에서 창조'라는 대목인데, 그 부분에 대해서는 안심하셔도 됩니다. 타고난 천재가 아닌 이상 그런 일은 전문 작가에게도 불가능한 일입니다. 특히 글쓰기 초보자 단계에서는 굳이 0에서 1을 창출해내려고 애쓰기보다, 1을 1-1로 만드는 데 힘을 쏟는 편이 더 쉽습니다. 그 방법에 대해서는 나중에 설명하도록 하겠습니다.

다음으로 글 쓰는 방법인데, 가장 간단한 것은 우선 '주인공이 xx하는 이야기'처럼 주인공을 주어로 놓고 한마디로 정리하는 것입니다.

- 연애물이라면 '주인공이 사랑하는 이야기'
- 전쟁물이라면 '주인공이 싸우는 이야기' 혹은 '주인공이 적을 물

리치는 이야기'

- 주인공의 노력이나 성장의 궤적을 그리고 싶으면 '주인공이 고군분투하는 이야기', '주인공이 성장해가는 이야기' 등

어떻습니까? 플롯이라고 해서 말은 거창해 보여도 이 정도라면 쓸 만하지 않나요?

"흠~ 제 경우는 주인공이 특별히 뭔가를 하지 않아도 좋아요. 그것보다는 주인공들의 개그 같은 일상을 그린다고나 할까……."

"맞아요. 『동물의사 닥터 스쿠르(사사키 노리코 원작의 만화)』나 『요츠바랑(아즈마 기요히코 원작의 만화)』처럼 가슴이 따뜻해지는, 이른바 힐링물(일본에서는 '나고미 계(系)'라고 함-역주)이라고나 할까요. 왠지 아날로그적이고 느슨한 느낌이 드는 것요."

그래요. 그런 경우라도 일단 중심이 되는 인물은 존재하지요. 『동물의사 닥터 스쿠르』에서 함텔 군과 『요츠바랑』에 나오는 요츠바 짱에 해당하는 캐릭터 같은 것이죠.

"네, 있어요."

그러면 함텔 군이나 요츠바 짱은 그 스토리 안에서 무엇을 하나요?

"무엇을 한다기보다, 그저 뭐 별로…… 그러니까 무심하게 개그 같은 행동을 하면서 느슨한 일상을 보내는 거, 뭐 그런 거죠."

그렇습니다. 일상적으로 지내고 있습니다.

그렇다면 여러분의 플롯은,

- '주인공이 평범하게 일상을 보내는 이야기' 또는 '주인공이 하루하루 살아가는 이야기'가 되는 것입니다.

"어? 그런 것도 괜찮나요?"

괜찮습니다. 지금은 이것만으로도 충분합니다. 그럼 또 질문 있는 사람?

"그러니까 음~ 제 경우는 주인공만 멋있으면 내용은 별로 신경 쓰지 않는다고 할까…… 전쟁물이나 연애물, 둘 다 좋아요."

다시 말해서 주인공이 무엇을 하는가가 아니고 주인공이 어떤 인물인지, 주인공의 비주얼이나 캐릭터에 신경을 쓴다는 말씀이네요?

"네, 그래요. 하지만 단순하게 '일상생활을 한다'라는 것과는 조금 다른 것 같은 생각이 들어요."

그 '조금 다르다'고 하는 것을 조금 더 구체적으로 말하면 어떻게 될까요?

"음~ 조금 더 적극적이라고나 할까…… 그냥 일상적으로 지낸다기보다는 조금 더 어떤 것을 한다는 느낌이랄까? 연애든 전쟁이든 뭐든 상관없지만요."

네, 잘 알았습니다.

그럼 학생의 플롯을 한마디로 말하면,

'주인공이 무언가를 하는 스토리'가 되겠네요.

"그렇게 막연해도 괜찮나요?"

괜찮습니다. 지금은 무엇을 하는지 정하지 않았잖아요.

여담이지만 제 글쓰기 교실에서는 이른바 '모에(서브컬처를 일컫는 속어로 주로 애니메이션, 만화, 게임 등에 등장하는 캐릭터에 대한 일종의 강한 호감을 나타내는 언어로 사용됨-역주)' 계통을 쓰고 싶은 학생 중에 이런 타입이 많습니다. 자신이 좋아하는 캐릭터가 꽤 확고하게 자리 잡고 있어서 다른 부분은 아무래도 상관없다고 생각하는 타입입니다.

자신이 사랑하는 캐릭터와 연애를 하거나 마치 함께 살고 있다는 느낌을 갖고 싶다는 동기로 글쓰기를 시작하는 사람들입니다.

그런 사람들의 특징은 캐릭터 설정은 아주 세세한 부분까지 신경을 쓰는 반면에 스토리라인은 단순한 대사나 장면을 모아놓았다는 느낌이 들 정도로 신경을 쓰지 않는다는 점입니다. 혹은 에피소드가 한두 개밖에 안 되는 경향이 있습니다.

아무리 멋진 캐릭터라도 무대에서 나무처럼 뻣뻣하게 서 있기만 해서는 빛이 나지 않습니다. 주인공의 매력이 돋보이게 하려면 어떤 행동을 즉, 연애든 전쟁이든 하게 만들어야 합니다. 그리고 행동을 하게 되면 그런 행동을 하게 만드는 동기나 욕구가 반드시 수반됩니다.

그 캐릭터가 아무것도 하지 않아도 그저 그 모습을 보고 있는 것만으로도 만족할 수 있다면 여러분이 만들고 싶은 것은 어쩌면 스토리가 아니라 일러스트나 영상물이 아닐까요? 혹은 스토리의 원재료(原材料)가 되는 애니메이션이나 만화 같은 2차 창작을 하고 싶은 것은 아닌지 스스로에게 질문해보시기를 권합니다.

또 캐릭터에 대해서는 Lesson 3장 이후에서 설명하고 있으므로 캐릭터를 먼저 만들고 싶은 사람은 Lesson 3장부터 읽어도 무방합니다.

플롯 키우기

이제 플롯의 핵심이 될 부분이 완성되었습니다.

- 주인공이 연애하는 이야기
- 주인공이 싸우는 이야기

- 주인공이 고군분투하는 이야기
- 주인공이 일상적으로 지내는 이야기
- 주인공이 무언가를 하는 이야기

"하지만 이것만으로는 스토리가 안 될 것 같은데요?"

그렇습니다. 여기에서 예를 든 모든 문장에는 '언제', '어디서', '누구와', '무엇을', '어떻게'라는 부분이 모두 빠져 있습니다.

- 주인공이 연애한다 혹은 싸운다 — 언제? 어디서? 누구와? 어떻게?
- 주인공이 고군분투한다 — 언제? 어디서? 무엇에? 어떻게?
- 주인공이 일상을 보낸다 — 언제? 어디서? 무엇을? 어떻게?

이런 식으로 여러분이 쓴 플롯의 '언제', '어디서', '누구와', '무엇을', '어떻게' 부분을 채워보시기 바랍니다.

다 채우셨습니까?

모두 채운 사람은 훌쩍 뛰어넘어서 Lesson 2로 진행해주십시오. 아직 다 못 채운 분도 있을 겁니다.

"아무것도 생각이 나질 않아요."

"적당히 채워 넣긴 했지만 뭔가 '이거다' 싶은 것이 딱 떠오르질 않아요."

상관없습니다. 처음에는 이 부분을 생각해내는 것만으로도 대단한 일입니다. 왜냐하면 여러분은 전혀 아무것도 없는 상태에서 어떻게든 이야기를 생각해내려고 애쓰고 있기 때문입니다.

앞에서도 말씀드렸듯이 글쓰기 초보 단계에서는 0에서 1을 창출해 내려고 애쓰지 말고, 1을 1-1로 만들어 내는 데 힘을 쏟는 것이 더 수월합니다.

그렇다면 그 원천이 되는 '1'은 어디에서 찾을 수 있을까요? 지금부터 그것을 찾아내는 방법에 대해서 설명하도록 하겠습니다.

나만의 기폭제 찾기 1

지금까지 작성한 메모는 일단 옆으로 밀어 놓으십시오. 이제 다른 종이를 준비하는데, 가능한 한 많이 쓸 수 있도록 큼직한 종이나 리포트 용지 같은 것이 좋을 것 같네요.

준비되셨나요?

그러면 그 종이에 여러분이 지금까지 읽거나 본 소설 · 만화 · 영화 · 드라마 중에서 마음에 들었던 작품의 제목을 생각나는 대로 쓰십시오. 스토리가 있는 작품이라면 무엇이든 좋습니다. 어느 정도 스토리가 있다면 게임을 넣으셔도 괜찮습니다.

이야기 자체는 그리 마음에 들지 않지만 '그 장면만은 잊히지 않는다', '그 캐릭터가 정말 마음에 든다'라는 등의 핀 포인트(Pin Point, 군사 용어로 타격점이라는 뜻-역주)가 있는 작품이 있다면 그 제목도 써주십시오.

작품 전체의 줄거리는 기억나지 않지만 어떤 한 부분만 인상적이어서 기억에 남는 작품이 있다면 그 작품도 넣으십시오. 제목이 정 생각나지 않는다면 '여주인공이 라벤더 냄새를 맡는 순간 타임슬립(무라카미 류의 『5분 후의 세계』에 처음 등장한 용어로, 시간이 미끄러지듯 자연스러운 시간여행을 뜻함)되는 이야기'라는 식으로 써도 무방합니다. 요컨대 어떤 작품을 말하는지 여러분 자신이 알면 되는 것입니다.

나중에 추가해서 써넣을 수 있도록 제목과 제목 사이에는 충분히 여백을 남겨놓으십시오. 작은 메모장을 이용하는 사람은 한 장에 제목 하나씩을 써두는 것도 좋습니다. 앞으로 이 리스트가 여러분의 플롯

발상처가 되어줄 것입니다. 시간과 노력을 아끼지 말고 가급적 많이 써주십시오. 작품은 최저 50개, 최대 100개 정도가 바람직합니다.

그렇다고 해서 이 숫자를 채우기에 급급해서 별로 좋아하지 않는 작품을 써넣는 일은 피해야 합니다. 리스트에 써야 할 것은 여러분이 떠올리는 것만으로도 자연스레 입가에 미소가 지어지고, 읽고 보았던 당시의 가슴 설렘이 다시 느껴지는, 그런 작품이 가장 좋습니다.

"최근에는 일이 바빠서 TV는 물론이고 책도 전혀 볼 틈이 없어요." 라고 하는 분은 어린 시절이나 젊은 시절에 즐겨 읽거나 즐겨 보던 작품을 떠올려 보십시오. 처음에는 기억을 떠올리는 것이 번거로울 수 있지만 몇 작품을 쓰다 보면 고구마 줄기처럼 기억 속의 작품들을 줄줄이 떠올릴 수 있을 것입니다.

무슨 일을 하든지 시작이 반이라고, 우선은 하나라도 써보시기 바랍니다.

다 쓰셨습니까?

그러면 다음 단계로 넘어가겠습니다.

나만의 기폭제 찾기 2

지금 여러분 앞에는 여러분이 좋아하는 작품이 50개에서 100개가 리스트업되어 있습니다. 리스트에 올라가 있는 각 작품에 대해서 아래의 항목을 써넣으시기 바랍니다.

① 이 작품은 '주인공이 xx하는 이야기'처럼 한마디로 말해서 어떻게 표현이 됩니까? 정리하는 방법에 대해서는 앞(22쪽)에서 설명하고 있으니 참고하시기 바랍니다.

예 〈타이타닉〉 : 주인공이 사랑하는 이야기 또는 주인공이 큰 재앙에서 살아남은 이야기

② ①의 문장에 '언제', '어디서', '누구와', '무엇을', '어떻게'라는 항목을 넣어서 쓰면 어떻게 되나요?

예 〈타이타닉〉 : 언제? 1912년 / 어디서? 타이타닉 호 위에서 / 누구와? 잭과 / 어떻게? 약혼자가 있는데도 사랑에 빠진다

③ 여러분은 이 작품의 어떤 부분이 가장 마음에 듭니까?

예 〈타이타닉〉의 남자 주인공이 무척 멋있다, 마치 호화 여객선에 내가 타고 있는 것 같은 기분이 든다 등

작품의 일부밖에 기억나지 않는 사람은 그 부분에 관해서 기억나는 만큼만 쓰면 됩니다.

"스토리는 기억하고 있는데, 어느 나라의 어느 시대 이야기인지 전혀 기억이 나지 않는데 어떡하죠?"

이런 경우에는 '대략 중세시대쯤?', '우리나라 이외의 어떤 나라, 유럽?'처럼 아는 만큼만 메모해 둡니다.

다만 ③의 '가장 마음에 드는 부분'에 대해서만큼은 빠짐없이 쓰도록 합니다.

다소 시간이 걸리는 작업이지만 리스트의 이 부분은 나중에 여러분에게 아이디어의 원천이 되어 주므로 분발해서 열심히 해보시기 바랍니다.

다 쓰셨나요?

다 쓰셨으면 다음 단계로 넘어가겠습니다.

나만의 기폭제 찾기 3

작성이 완료된 리스트를 처음부터 살펴보기로 하겠습니다. 이 리스트에는 여러분이 좋아하는 작품들만 들어 있습니다.

이 작품들에는 뭔가 공통점이 있지 않을까요?

리스트업을 하면서 이미 눈치를 채신 분도 계실 것입니다.

"그러고 보니 나는 죄다 스포츠물 영화만 봤네!"라거나

"난 의외로 냉혈한에다 삐딱한 캐릭터를 좋아하네!"라는 등입니다.

'스포츠물'이라는 것은 뒤에서 설명하겠지만 이야기의 패턴입니다.

'냉혈한에 삐딱한 캐릭터'는 인물입니다.

이야기의 시대 배경은 어떨까요?

"현대극보다 시대극이나 역사소설이 압도적으로 많다."

"그 중에서도 특히 에도막부(일본의 도쿠가와 이에야스가 1603년에 에도-오늘날의 도쿄-에 수립한 무가武家 정권이며 1868년까지 지속됨-역주) 말기에 편중되어 있다."

"근대극이라면 뭐든지 좋아하는 것 같다." 등입니다.

무대가 되는 장소는 어떨까요?

"이색적인 세계를 좋아해요."

"저는 외국 지명에는 아무래도 약해서…… 우리나라를 무대로 한 작품만 봤어요."

"학원물이 아무래도 많다는 것은…… 학교?" 등입니다.

이런 식으로 여러분의 '기호'의 포인트가 어디에 있는지 다음의 관점을 참고해서 분류해보시기 바랍니다.

- 공통된 장르(SF, 미스터리, 판타지 등)
- 공통된 분위기 · 세계관(어두운지 밝은지, 건조한지 축축한지 등)
- 공통된 시대(언제)
- 공통된 무대(어디서)
- 공통된 캐릭터 타입(누가)
- 공통된 결말(해피엔딩인가, 새드엔딩인가)

- 공통된 사건(무엇을) ★
- 공통된 동기(왜) ★
- 공통된 패턴이나 에피소드(어떻게) ★
- 공통된 소재나 아이템, 키워드 ★
- 공통된 감정이나 영향 · 효과(최루성 이야기, 가슴 두근두근한 이야기, 감동적인 이야기, 용기를 주는 이야기 등)
- 이외에도 생각나는 것이 있다면 뭐든지 적어보자

장르나 분위기, '언제', '어디서', '누가'나 엔딩은 비교적 쉽게 분류가 가능합니다.

★표시의 항목에 대해서는 다소 어려울 수 있으므로 다음과 같은 보충 설명을 해두겠습니다.

사건과 동기

사건(=무엇을)은 26쪽에서 설명한 플롯의 핵심에 해당되는 부분입니다. '사랑한다', '싸운다', '성장한다' 등이 그런 것들이었습니다.

한편 동기는 '왜 그런 행동을 하는가?'에 대한 이유입니다. '싸운다'라는 사건은 같을지라도 주인공이 사랑하는 사람을 지키기 위한 싸움과 자신의 야심을 채우기 위해서 싸우는 것과는 이야기의 내용 면에서 달라집니다.

여러분이 좋아하는 포인트는 '싸움'이라는 사건 그 자체에 있는 걸까요, 아니면 싸우는 동기에 있는 걸까요?

조금 더 쉬운 판단을 위해서 다음과 같은 질문을 해봅시다.

'사랑하는 사람을 지켜주고 싶다'라는 동기만 공통된다면, 지키기 위해서 취하는 행위가 적을 물리치는 것이든, 평생 거짓말을 하는 행위든 상관없이 여러분은 여전히 그 이야기를 좋아하게 되나요?

대답이 'YES'라면 동기 쪽에 중점을 두고 있는 것이 됩니다. '동기가 무엇이든 간에 역시 싸움이 나오지 않으면 재미없어'라는 쪽이라면 사건을 더 좋아한다고 말할 수 있습니다.

물론 '주인공(혹은 조연)이 사랑하는 사람을 지키기 위해서 피 튀기는 싸움을 펼친다'와 같이 특정한 동기와 사건이 한 세트가 된 이야기를 좋아한다고 말하는 사람도 있을 것입니다.

이 경우에는 다음에 소개되는 '패턴과 에피소드'를 참고하기 바랍니다.

패턴과 에피소드

일반적으로 널리 사랑받는 이야기에는 몇 가지 전통적인 패턴이 있습니다.

불우한 주인공이 스스로의 노력과 누군가의 도움으로 행복의 계단을 오르는 성공 신화(석세스 스토리)나 신데렐라 스토리입니다.

개성이 강하고 천방지축 열등생들이 모여 있는 팀이 하나가 되어 고군분투한 결과 마침내 멋지게 우승을 거머쥐는 이야기가 스포츠물의 왕도(王道)입니다.

처음에는 서로 반목하던 두 사람이 어떤 계기로 한 팀이 되어 티격태격하면서 마침내 끈끈한 유대감으로 뭉치게 되는 버디(=동료)물. 이 두 사람이 남녀의 조합이라면 로맨틱 코미디가 되는 것입니다.

똑같이 연애를 다룬 이야기라도 『로미오와 줄리엣』이나 『실락원(와타나베 준이치의 소설로 1995년부터 신문에 연재되었고, 1997년에 단행본으로 나온 이후 300만 부를 돌파했으며, 영화로 만들어지면서 일본에서 센세이션을 불러 일으켰다-역주)』은 연인들의 죽음으로 끝나는 비련물(悲戀物) 또는 동반자살물입니다. 이루어질 수 없는 사랑을 다룬 이야기는 그 밖에도 불치병이나 근친상간의 형태로 많은 패턴을 양산하고 있습니다.

『엄마 찾아 삼만리』와 같은 여행물(로드무비)은 『서유기(西遊記)』나 『보물섬』처럼 여행의 목적이 보물이라면 보물찾기가 되고, 앞에서 말한 버디물과 조합을 이루면 버디 로드무비가 됩니다.

여행의 동반자가 세 명 이상의 그룹이 되면 버디가 아니라 파티(동맹)가 되며 『반지의 제왕』 같은 작품이 이 패턴에 해당됩니다. 『반지의 제왕』에서는 보스 캐릭터인 사우론과의 직접적인 대결은 없지만 『모모타로(일본 전설의 대중적인 영웅-역주)』 같은 주인공(들)이 괴물을 물리치는 내용이라면 히어로물이나 전쟁물, 권선징악물이 됩니다.

고귀한 혈통의 자제들이 헤어져서 서로 다른 부모 밑에서 자란 뒤 성장해서 자신의 뿌리를 찾아 떠나는 '자기 뿌리 찾기 여행'도 있습니다. 『천공의 성 라퓨타』는 보물찾기이자 파티물이기도 하면서 여주인공인 시타의 시점에서 보면 자기 뿌리 찾기 여행이라고 할 수 있습니다.

이상으로 대표적인 패턴 몇 가지를 예로 들어보았습니다.

패턴과 사건과의 차이는 단순히 '사랑하는' 것과 '싸우는' 것에만 있지 않고, '어떻게'라는 시추에이션과 한 세트로 이루어져 있다는 점입니다. 그런 관점에서 여러분이 선호하는 작품 리스트를 다시 한 번 검토해보시기 바랍니다.

베스트셀러가 되는 소설이나 히트작이라 불리는 영화의 대부분은 복수(複數)의 패턴이 서로 잘 조화를 이룬 것들입니다. 여러분이 작성한 선호 작품 리스트를 보면서 이 중에서 어느 한 패턴으로 압축하는 것은 힘든 작업임에 틀림없습니다.

하지만 리스트 전체를 죽 훑어보다 보면 분명히 자주 등장하는 패턴이 있을 것입니다. "아, 그러고 보니 항상 착한 사람과 악인으로 분명하게 나뉘고, 착한 사람이 악당을 물리치는 이야기로 되어 있네!" 라고 외치게 될 수도 있습니다.

패턴과 마찬가지로 시추에이션과 사건이 한 세트로 되어 있기는 하지만, 그것 하나만으로는 이야기의 핵심 줄거리가 될 수 없는 소소한 이야기가 에피소드입니다.

'적(또는 아군)이었던 인물이 막판에 뒤집어지는', 또는 '잘생긴 적대팀의 간부가 주인공 측 여성과 사랑에 빠지게 되는' 에피소드가 여기에 해당됩니다. 인기 있는 에피소드에는 앞서 설명한 패턴과 마찬가지로 전형적인 틀이 있습니다.

또한

'온갖 역경에서 헤어나지 못하던 인물의 정체가 사실은 어마어마한 거물이었다.'

'안경을 벗겨보니 엄청난 미인이었다!'

'모든 등장인물이 하나로 똘똘 뭉쳐서 주인공을 속였다.'

'가족의 죽음을 계기로 서로 반목하던 형제가 화해한다.'

이와 같은 아이디어와 패턴 중에서 구별이 잘 안 가는 것도 있습니다. 그 부분은 심각하게 고민하지 말고 리스트 안에서 계속해서 등장하는 시추에이션을 찾으려는 노력을 해보십시오.

"저 있잖아요, 연애물에 자주 등장하는 삼각관계는 패턴인가요, 아니면 에피소드인가요? 삼각관계는 역시 시추에이션이겠지요?"

그렇습니다. 삼각관계는 시추에이션입니다. 하지만 삼각관계도 여러 가지 패턴이 있을 수 있는데, 여러분은 어떤 삼각관계를 선호하시나요?

"어떤 삼각관계를 선호하냐고 하시면…… 사실은 어떤 형태이든지 간에 삼각관계라는 말만 들어도 가슴이 두근두근합니다."

결말이 해피엔딩이건 그 반대로 새드엔딩이라도요?

"네."

주인공이 삼각관계의 정점, 즉, 두 명의 이성으로부터 구애를 받는 인물이거나 한 명을 두고 쟁탈전을 벌여도 그런가요?

"네."

다시 말해서 시추에이션은 정해져 있지만 사건은 정해지지 않았다, 이 말이네요?

"흠…… 그렇게 되는 건가요?"

주인공이 삼각관계에서 살아남아 연인을 쟁취한다거나 주인공을 두고 두 명의 이성이 싸워서 마침내 불륜 상대 쪽과 잘 된다면 시추에이션과 사건이 세트가 된다고 말할 수 있습니다. 단순히 삼각관계라는 시추에이션만을 두고 말한다면 그것은 소재, 또는 키워드입니다.

그럼 이제 소재와 아이템, 키워드에 대해서 설명하기로 하겠습니다.

소재, 아이템, 키워드

서점이나 도서관, 혹은 대여점에서 책이나 DVD를 고를 때 여러분 눈에 제일 먼저 들어오는 것은 무엇입니까?

그렇습니다. 표지나 겉포장이겠지요.

앞표지에 쓰여 있는 제목이나 DVD의 재킷 사진을 보고, '이거 한 번 볼까?'라며 손을 뻗어본 경험은 누구나 한 번쯤 있으실 것입니다. 뒤표지에 쓰여 있는 줄거리를 읽거나 내용을 쓱 한번 훑어보면서 살지 말지를 결정하는 것은 그 다음 단계입니다.

그렇다면 산처럼 쌓여 있는 책과 DVD 속에서 여러분은 왜 하필 그 작품에 손을 뻗었을까요?

"좋아하는 작가의 책이니까요."

"좋아하는 배우가 캐스팅되었기 때문에요."

네, 그것은 아주 흔한 일이지요. 그 밖에는 또 어떤 것이 있을까요?

"음, 저는 호러물을 좋아하는데 겉표지를 보았더니 왠지 공포스러운 느낌이 들어서요."

그 작품이 호러물이라는 것을 겉표지만 보고도 알 수 있나요?

"왜 있잖아요. '츠타야(TSUTAYA, 일본 최대의 렌탈숍-역주)' 서점 같은 곳을 가면 '호러 물', '한류', 이런 식으로 분류해놓았기 때문에 호러물 코너에서 골랐으니 당연히 호러물이겠거니 하고 보는 거죠."

맞아요. 대부분의 서점이나 대여점 같은 곳에서는 상품을 대개 장르별로 분류하고 있죠. 그럼 호러물을 좋아한다고 하셨는데, 호러물 코너에 가서 아무 거나 손에 잡히는 대로 보시나요?

"그렇지는 않아요. 저는 사이코 호러물 같은 것에는 별로 흥미가 없고, '원령(죽은 사람의 혼)'이나 '좀비'라는 단어가 제목에 들어가 있는 것만 골라서 봅니다. 제목에 좀비라고 쓰여 있지 않아도 재킷에 좀비 비슷한 분위기만 느껴져도 줄거리까지 읽어봅니다."

"저는 판타지물을 좋아하는데 특히 이색적인 지명이 눈에 띄면 바로 꺼내봅니다. 가령 『나니아 연대기』라거나 『땅끝연대기(The Edge Chronicles)』 같은 종류의 것들이죠."

"저는 추리소설을 좋아하는데 띠지에 '본격'이라는 말이 있으면 아무래도 끌려요."

네, 여러분의 대답 잘 들었습니다. 이 밖에도 다양한 이야기를 들려주셨는데, 이것만으로도 여러분에게는 각각 마음이 끌리는 특정 단어, 즉 기호의 키워드가 존재한다는 사실을 충분히 아셨으리라 생각됩니다.

소설이나 DVD에도 이러한 키워드를 제목에 넣은 것들이 많이 있습니다.

'츠타야' 같은 곳에서도 SF 코너를 둘러보면 '우주', '스페이스', '에

이리언', '플래닛' 같은 단어가, 연애물 코너에 가면 '사랑의 ××', '내 사랑 ××'라는 식의 제목으로 가득합니다.

똑같은 연애물이라 하더라도 서점에서 '할리퀸(Harlequin은 판토마임에서 주역을 맡은 어릿광대를 일컫는 말로, 서양 작품을 번역해서 출간된 로맨스 소설의 총칭으로 쓰임-역주) 시리즈' 코너를 보면 '연애'나 '사랑'에 덧붙여서 '백작', '공작', '공주', '왕자', '시크(아랍어로 '족장'을 뜻하는 '샤이프'의 영어식 발음)과 같은 특징적인 단어들이 죽 나열되어 있습니다.

여담이지만 키워드에는 이렇듯 특정 팬의 눈길을 사로잡는 효과가 있습니다. 여러분도 자신의 작품에 제목을 달 때 활용해보시기 바랍니다.

다시 이야기를 원점으로 돌려서, 키워드에는 다양한 종류가 있습니다. 예를 들면,

- 장르를 나타내는 것 : 사이코 호러, 본격 미스터리, 포물장(捕物帳, 에도 시대에 하부 수사관이죄인 체포를 위해 적어둔 기록, 범죄 사건을 소재로 한 역사 추리물-역주), 가공인물 전기(架空人物戰記), 전기(傳奇), 하이 판타지 등
- 소재를 나타내는 것 : 무사, 삼각관계, 고부관계, 어린이, 탐관오

리 등

- 아이템의 명칭 : 인형, 거울, 나비, 드레스, 검, 문장, ××탐정단 등
- 분위기나 톤, 느낌을 암시하는 것 : 다크, 페이소스, 유머, 엉뚱함, 강골 등
- 내용을 암시하는 것 : 죽음의 ××, 피의 ××, 마의 ××, 복수, 입맞춤, 모험, 탐험, 여행 등

이 외에도 여러 가지가 있습니다. 그 중에는 '흡혈귀'처럼 아이템이면서 동시에 캐릭터도 되면서 내용까지 암시해주는 다중 키워드도 있습니다.

여러분 나름대로 자신에게 어떤 영감을 주거나 가슴 설레는 키워드를 찾아내서 써나가시기 바랍니다.

Summary

그동안 정말 고생이 많으셨습니다. 이제 여러분 앞에는 여러분이 선호하는 시대(언제) · 무대(어디서) · 인물(누가) · 사건(무엇을) · 동기(왜) · 패턴(어떻게)을 집대성한 리스트가 완성되어 있을 것입니다.

리스트를 작성하는 동안에 자기도 모르는 사이에 쓰고 싶은 이야기

의 윤곽이 잡힌 사람도 있을 것입니다.

'이런 식이라면 계속 써나갈 수 있겠어'라고 생각되는 분은 축하드립니다! 의욕이 솟구칠 때 부디 쓰기 시작하십시오. 중간에 막히면 다시 여기로 돌아오면 됩니다.

다른 분은 26쪽에서 쓰신 자신의 플롯을 확인해 주십시오. '언제', '어디서', '누가', '무엇을', '어떻게' 중에서 공란으로 남아 있는 부분을, 리스트를 참고하면서 메워나가십시오. 이번에는 재료가 있는 만큼 전보다는 편하게 쓰실 수 있을 것입니다.

22쪽에서 사건 란에 '주인공이 무엇인가를 하는 이야기'라고 쓴 사람은 '무엇인가'가 연애인지 싸움인지, 또는 보물찾기인지를 리스트를 참고로 해서 정해주십시오.

"리스트를 만드는 동안에 생각이 바뀌었습니다. 처음에 정한 플롯을 바꾸어도 괜찮을까요?"

물론 괜찮습니다. 자신이 선호하는 것, 생각만 해도 가슴이 뛰고 설레는 무엇인가를 발견했다면 꼭 그것을 사용해서 쓰십시오.

플롯의 공란이 다 채워진 다음에는 드디어 스토리 전체의 흐름을 만들어 나가게 됩니다.

Lesson 2

스토리 전체의 흐름 만들기

자, 이제 여러분이 만든 플롯을 하나의 문장으로 정리해보도록 합시다.

다음과 같이 써주십시오.

플롯 A

주인공이 언제 – 중세 경

어디서 – 판타지 느낌의 세계에서

누구와 – 자기 편 몬스터들과

어떻게 – 마법으로

사건 – 적을 물리친다

왜 – 사랑하는 사람과 세상을 구하기 위해서

주어는 반드시 '주인공이'로 해주십시오. 주인공의 이름과 나이가 모두 정해졌으면 '홍길동이', '아더 왕자가'와 같이 써주십시오.

"죄송하지만 주인공이 복수, 즉 여러 명일 경우는 어떻게 하나요?"

여러 명이라고 하면?

"가령 A라고 하는 주인공이 이쪽에서 어떤 행동을 하는 동안에 B라는 주인공은 다른 장소에서, 또 C라는 주인공은 또 다른 장소에서 다른 행동을 하다가 결말 부분에 가서는 모두가 한 장소에 모여서 스토리가 점점 극으로 치닫는 이야기를 쓰고 싶어요."

알겠습니다. 그것은 군상(群像)극, 또는 그랜드호텔 방식이라 불리는 기법입니다. 같은 시간에 일어나고 있는 각각 다른 사건을 병행해서 묘사함으로써 독자나 관객에게는 스릴과 서스펜스를 느끼게 하는 효과를 줍니다.

특히 패닉물 같은 경우는 이 기법을 사용하면 재미가 배가됩니다. 하지만 유감스럽게도 글쓰기 초보자에게는 군상극을 잘 권하지 않습니다. 왜냐하면 복수의 인물, 그것도 주요 인물을 병행해서 묘사하고 또 스토리 전체를 무너뜨리지 않고 결말까지 끌고 가기 위해서는 상당한 역량이 필요하기 때문입니다.

우선은 한 사람의 주인공이 나오는 이야기를, 끝까지 제대로 써나갈 수 있도록 하십시오.

그럼에도 불구하고 '나는 꼭 군상극을 쓰고 싶다!'라고 생각하는 사람은 복수의 주인공 중에서 한 사람을 선택해서 그 인물만의 심플한 플롯을 먼저 써보시기 바랍니다.

다 쓰셨습니까?

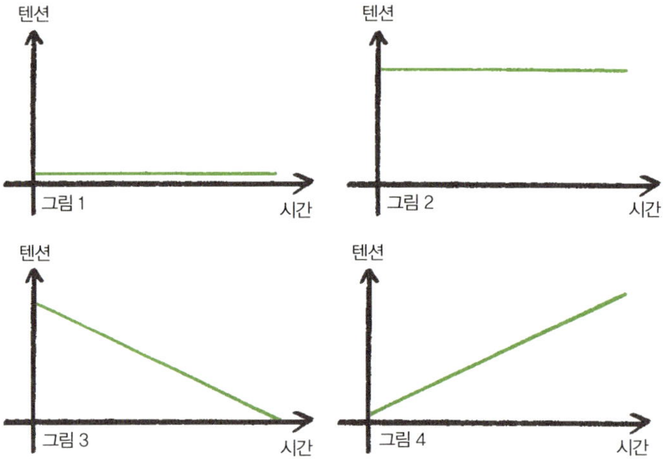

그러면 그 메모를 토대로 다음은 이야기의 대략적인 흐름을 만들어 보도록 합시다.

이야기에 탄력 부여하기

그림 1을 보아주십시오. 그래프의 가로축은 시간(=페이지)입니다. 세로축은 독자들의 감정 텐션입니다.

초록색 선으로 표시되어 있는 것처럼, 글을 읽기 시작해서 계속 독자의 텐션이 낮은 곳에 머물러 있다면 독자는 읽다가 지루해져서 책을 던져버립니다. 그렇다고 해서 그림 2처럼 처음부터 하이텐션으로 시작해서 숨 돌릴 틈도 없이 사건이 계속해서 일어난다면 과연 재미있을까요? 의외로 그렇지 않습니다.

영화나 드라마에서 계속해서 폭발이 이어지는 장면이나 액션이 잇달아 이어지는 장면을 보는 느낌이라고 생각하면 쉽게 상상이 가리라 생각됩니다. 계속해서 시끌시끌하고 떠들썩한 장면이 이어진다면 독자는 피곤을 느끼거나 싫증을 내게 됩니다.

용두사미 같은 모양의 그림 3은 논외로 하고 오른쪽이 올라간 그림 4는 보기에는 좋아 보이지만 실제로 읽어보면 의외로 그다지 재미가 없습니다.

왜 그럴까요? 그림 4의 이야기는 너무나 순조롭게 진행되어서 의외성이 없기 때문입니다. 의외성은 '앞으로 어떻게 될까?', '빨리 다음 이야기를 읽고 싶어!'라는 식으로 독자들의 호기심을 부추깁니다.

운명의 상대를 만나서 사랑에 빠졌는데 그 사람이 하필 불치의 병에 걸렸다거나, 갖은 고생 끝에 범인을 잡고 보니 상대가 놀랍게도 한 나라의 총리여서 쉽게 체포하기가 힘들다거나 하는 식의 새끼줄 꼬이듯 꼬인 전개 쪽이 단연 재미있습니다.

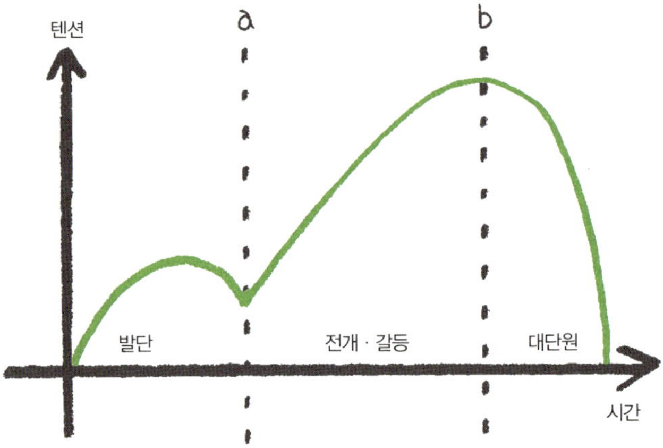

그림 5

그런 연유로 제가 권하는 것은 그림 5의 패턴입니다.

이 도표의 원조는 할리우드 영화의 3막 구성인데, 이것이 매우 활용도가 높아서 여러 스토리에 응용하기가 좋으므로 여러분도 꼭 마스터해서 활용해보시기 바랍니다. 도표 속의 a는 독자의 시선을 사로잡는 포인트입니다. 이 부분에서 무언가 사건을 일으키면 좋습니다. 독자의 호기심을 자극해서 '읽어보자!'라는 마음을 먹게 만드는 사건을 일으키는 것입니다.

패닉물이라면 여기에서 살인 바이러스를 마구 살포하거나 불치병 콘셉트라면 이 부분에서 불치병 선고를 받습니다. 로맨틱 코미디물이라면 여기에서 극적인 만남이 이루어지고, 추리소설이라면 최초의 살인이 일어나는 순간 같은 것으로 생각하면 이해하기가 쉬울 것입니다.

a에서 일어나는 최초의 사건에 대해서는 뒤에서 항목을 만들어서 다시 한 번 자세하게 설명하도록 하겠습니다.

b는 클라이맥스입니다. 슬픈 감정이건 설레는 마음이건 간에 이곳에서 독자의 감정을 단번에 끌어올릴 수 있다면 독자의 만족감은 거의 보장된다고 할 수 있습니다.

a와 b의 중간 부분은 바로 이 클라이맥스를 위해서 쓰인 것이라고 해도 과언이 아닙니다.

이 책에서는 편의상, 읽기 시작한 부분부터 최초의 사건까지의 파트를 발단(=셋업), 중간 부분을 전개 · 갈등, b부터 결말까지를 대단원(=해결)이라고 부르기로 하겠습니다.

다음은 각 파트에 대한 해설입니다.

발단

그러면 여러분의 플롯을 그림 5의 그래프에 적용하면서 이야기의 흐름을 만들어 보십시오.

여기서는 편의상 이 장의 서두에서 소개한 플롯을 예로 들어 설명하기로 하겠습니다.

플롯 A
주인공이 언제 – 중세 경
어디서 – 판타지 느낌의 세계에서
누구와 – 자기 편 몬스터들과
어떻게 – 마법으로
사건 – 적을 물리친다
왜 – 사랑하는 사람과 세상을 구하기 위해서

글쓰기 초보 단계에서는 발단, 즉 이야기의 도입 부분에서 '언제', '어디서', '누가(=주인공)'를 명시하는 습관을 가지도록 합니다.

독자는 가급적 빨리 이야기의 세계 속으로 감정 이입을 하고 싶은 욕망이 있습니다. 그것이 언제이고, 어떤 세계이며 주인공이 누구인지 모른다면 이야기의 세계 속으로 빠져들기가 어렵습니다. 오락소설 등의 오락물 계열의 이야기에서는 특히 더 그렇습니다.

플롯은 지금부터 여러분이 쓰기 시작하는 이야기의 설계도입니다.

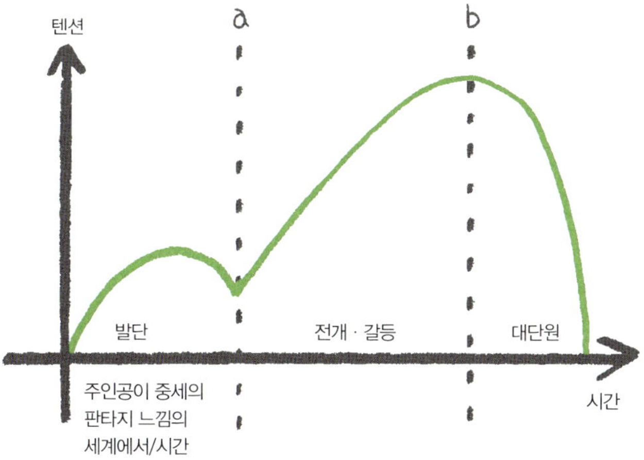

그림 6

문장은 다소 딱딱하거나 서툴러도 괜찮습니다. 여하튼 도입 부분에서 '언제', '어디서', '누가'를 명시한다, 라는 사실만은 꼭 기억하시기 바랍니다.

그림 6은 플롯 A의 '언제', '어디서', '누가'를 그림 5의 그래프에 집어넣은 것입니다.

다음의 '전개 · 갈등' 파트는 일단 뒤로 미루고, 다음은 b의 클라이맥스 부분을 채워나가도록 하겠습니다.

클라이맥스

클라이맥스에서는 여러분이 플롯의 사건 란에 써넣었던 사건이 일어납니다.

플롯 A에서는,

사건 – 적을 물리친다

누구와 – 자기 편 몬스터들과

어떻게 – 마법으로

이러한 항목을 그래프에 넣어보면 그림 7처럼 됩니다.

여기에서 질문이 하나 있습니다. 앞에서 이야기했듯이 그래프의 초록색 곡선은 독자의 텐션을 나타냅니다. 우리처럼 글 쓰는 사람의 입장에서는 ▽의 클라이맥스에서 독자의 감정을 최대한도로 끌어올리기를 원합니다.

그렇다면 ▽에서 독자의 텐션을 최대한도로 고조시키기 위해서 작가는 ▲지점, 즉 클라이맥스 직전에 어떤 행동을 취하지 않으면 안 될까요?

해답을 보기 전에 잠시 생각해보시기 바랍니다. 클라이맥스를 고

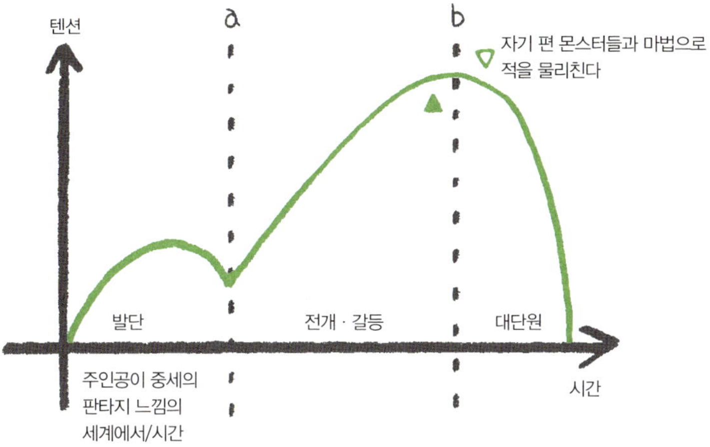

그림 7

조시키기 위해서 작가는 클라이맥스 직전에 어떤 지혜를 짜내야 할까요?

어떻습니까? 뭔가 나름대로의 답이 떠올랐습니까?

그러면 해답을 제시하겠습니다.

▲지점에서는 클라이맥스와 반대로 행동한다, 라고 기억하시기 바랍니다.

만일 클라이맥스가 '적을 물리친다'라면 '적에게 패할 위기에 처한다'가 되는 것입니다. '연인과의 사랑이 이루어진다'라면 '연인과 헤어지게 된다/파국을 맞는다'가 되고, '노력이 결실을 맺는다'라면 '노력이 수포로 돌아간다/아무 쓸모없게 된다'로, '병이 치유된다'라면 '병이 낫지 않는다/죽어간다'가 되는 것입니다.

즉, 주인공에게 있어서는 절체절명의 순간, 극중 최대의 위기를 조성하는 것입니다.

대부분의 오락성 작품의 클라이맥스에서 이 수법이 사용되고 있다고 해도 과언이 아닙니다.

플롯 A와 같은 전쟁물이나 스포츠물이라면 클라이맥스에서 맞붙는 상대가 최종 보스(게임이나 애니메이션 등에서 막판에 주인공을 위협하는 강한 적으로 등장하는 절대강적을 지칭함-역주)인데 지금까지 대적해온 그 어떤 적보다도 힘겨운 상대와 싸워서 고전을 면치 못하게 됩니다.

연애물이라면 쌍방의 오해가 회복 불가능한 상태까지 꼬여서 결정적인 파국의 위기를 맞게 되거나, 어느 한쪽이 어떤 사정으로 인해 사랑을 포기하려는 결단을 내리는 것 등입니다.

살인 바이러스가 만연하는 패닉물이라면 온갖 방어 수단, 봉쇄 작전이 실패해서 결국 감염 폭발이 일어날 수밖에 없는 사태까지 이르게 되는 것입니다.

한편 클라이맥스에서 비극이 일어나는 새드엔딩의 이야기라면 그 직전에는 극중 최고의 행운/행복을 만들어냅니다.

연인끼리 헤어지는 것으로 끝나는 비련의 사랑이라면, 클라이맥스 직전 두 사람의 가장 행복한 데이트 장면이 그것입니다. 전 세계가 파멸해서 지구의 종말로 끝나는 대참사물이라면 주인공은 '어쩌면 파멸을 막을 수 있을지도 모른다'라는 한 가닥 희망을 찾아냅니다.

이렇듯 스토리를 만듦으로써 작가는 독자의 텐션을 고조시킴과 동시에 직후에 일어나는 사건(=클라이맥스)에 기대와 호기심을 갖게 만들 수 있습니다.

클라이맥스 직전의 위기(혹은 행복)이 크면 클수록 독자의 기대와 텐션은 고조되고 반대로 작아지면 작아질수록 독자의 텐션은 떨어집니다.

플롯 A의 경우라면 그 기대는 '주인공은 적을 물리칠 수 있을까?'가 됩니다. 연애물이라면 '주인공은 사랑하는 사람과 맺어질 것인가?', 패닉물이라면 '주인공은 살인 바이러스가 살포되기 직전에 저지할 수 있을까?'라는 질문이 생기게 됩니다.

독자의 이러한 질문을 이 책에서는 할리우드에서 하듯이 센트럴 퀘스천(Central Question, 핵심 질문-이하 CQ)이라 부르기로 하겠습니다.

통상 CQ는 여러분이 플롯에 쓴 사건의 의문형이 됩니다.

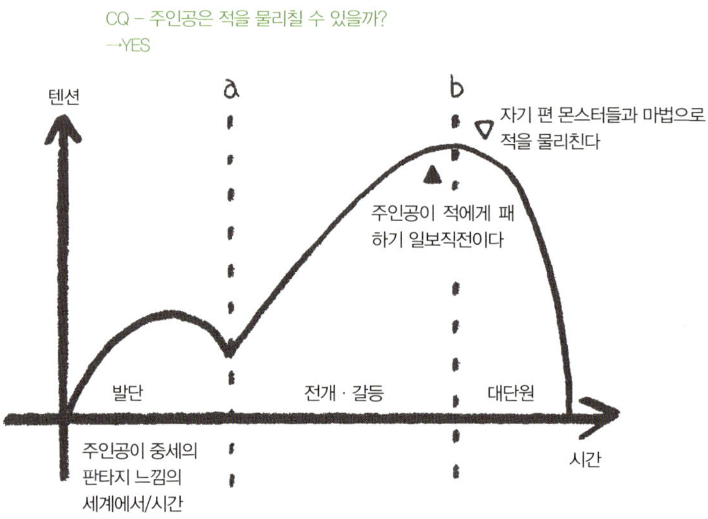

그림 8

예 사건 – 주인공이 적을 물리친다

CQ – 주인공은 적을 물리칠 수 있을까?

CQ에 대한 대답이 'YES'라면 그 이야기는 대개는 해피엔딩을 맞게 됩니다.

'NO'라면 새드엔딩이 됩니다. 클라이맥스는 독자에게 CQ의 답을 제시하는 장소이기도 합니다.

그림 8의 그래프는 지금까지의 항목을 모두 써넣은 것입니다. 초록색으로 쓴 것이 CQ와 그에 대한 해답입니다.

어떻습니까? 그냥 문장으로 쓰는 것보다 여러분이 쓴 플롯의 전체 그림이 이제 보이지 않습니까?

"죄송합니다만 질문 하나 해도 될까요?"

그러시죠.

"클라이맥스에서는 플롯의 사건 란에 쓴 사건이 일어나는 거 맞죠?"

그렇습니다.

"저는 플롯의 사건을 '일상적으로 지낸다'라고 했는데요, 클라이맥스가 '일상적으로 지낸다'라면 좀 이상하지 않을까요?"

그렇군요. 클라이맥스가 독자의 텐션이 가장 고조되는 포인트라고 한다면 '일상적으로 지낸다'로 어떻게 고조시킬 수 있을까, 라는 의문이 생길 수 있겠네요.

그렇다면 여기에서 묻겠습니다.

이야기의 주인공은 보통 어떤 나날을 보내고 있습니까?

"어떻게 보내느냐고 물으신다면…… 특별히 뭐…… 평범하게 지냅니다."

평범하게, 라고 하면?

"음…… 그러니까 평일에는 일상적으로 학교에 가고, 방과 후에는 가끔 아르바이트를 하거나…… 뭐 이런 느낌?"

그럼 잠시 플롯을 보여주시겠어요?

"네."

플롯 B

주인공이 언제 – 현대

어디서 – 일본

누구와 – 친구와

어떻게 – 힐링물 계열의 코미디적인 느낌

사건 – 일상적으로 지낸다

왜 – ???

그렇군요. 노선적으로는 『동물의사 닥터 스쿠르』나 『요츠바랑』 같은 이야기를 쓰고 싶은 거로군요?

"네, 맞아요."

알겠습니다. 그럼 여기서 일상적인 것, 즉 일상물에 대해서 이야기를 해야겠습니다. 일상물에 흥미가 없는 분은 다음 항목을 뛰어넘어서 65쪽의 전개 · 갈등 파트 만들기로 넘어가시기 바랍니다.

일상물 만들기

격렬한 전투도, 세기의 사랑 이야기도 나오지 않는, 그리 특별할 것 없는 하루하루의 생활을 그리고 있지만 그래도 읽고 있으면 왠지 즐거운 이야기가 있습니다.

여기에서 유의할 것은 '그리 특별할 것 없는 나날'='아무 일도 일어나지 않는 나날'이 아니라는 점입니다.

다음 글을 한번 읽어봅시다.

주인공은 남자 중학생입니다. 이 남학생은 아침에 일어나면 이를 닦고, 세수를 하고 아침밥을 먹고 등교합니다. 평일에는 대개 3시 경까지 수업을 받고 방과 후에는 곧장 집으로 갑니다. 그런 다음에는 게임을 하거나 만화를 읽거나 하면서 지내고 대개 7시에서 8시 사이에 저녁밥을 먹습니다. 그 뒤에는 TV를 보거나 게임을 하면서 놀다 밤 12시 정도에 잠이 듭니다. 다음 날 아침 이 남학생은 다시 세수를 하고 학교에 가고…….

이런 이야기를 여러분은 읽고 싶다는 생각이 드시나요? 그렇지 않으리라 생각됩니다. 아무리 평범한 일상이라도 그 안에 뭔가 사건이 일어나지 않으면 독자는 따분하게 느낍니다. 주인공이 학생이라면 친구나 가족들과 싸움을 했다거나 화해를 했다거나 혹은 같은 반의 이성 친구에게 연애 감정을 느끼거나 하는 것들이지요.

이렇게 소소한 에피소드가 쌓여서 일상물이 성립되는 것입니다. 에피소드의 정의는 Lesson 1에서 이미 다루었습니다. 기억나십니까?

그렇습니다. 시추에이션과 사건이 한 세트로 되어 있지만, 그것만으로는 이야기의 핵심 줄거리가 될 수 없는 소소한 이야기가 에피소드였지요. 기억나시나요?

일상물을 쓰기 위해서는 주인공과 연관되는 에피소드를 몇 가지 준비해둘 필요가 있습니다. 각각의 에피소드는 '연애한다', '싸움한다', '화해한다' 등의 사건을 반드시 포함하고 있습니다. 이러한 것들 중에서 가장 인상 깊은 에피소드를 골라서 종반 가까이에 배치해두면 일상물도 클라이맥스를 만들 수 있습니다.

에피소드를 고르는 방법에 대해서는 76쪽의 에피소드 추가하기에서도 다루고 있으므로 함께 참고해주십시오.

그러면 이제 그림 8의 그래프의 중앙부에 있는 '전개 · 갈등' 파트를 써주시기 바랍니다.

전개 · 갈등 파트 만들기

전개 · 갈등은 이야기의 대부분을 차지하는 파트입니다. 이야기의 재미는 이 파트를 얼마나 재미있게 만드는가의 여부에 따라 결정된다고 해도 과언이 아닙니다.

TV 드라마의 『미토코몬(에도 시대를 배경으로 하는 일본의 TV사극으로 미토 미쓰쿠니와 그의 수하 두 명이 주인공으로 나오며 이들의 모험으로 이야기가 전개된다. 1969년에 첫 방영을 하였으며, 2003년 12월 15일에 방송 1000회를 돌파하였다. 2011년 12월 19일에 '최종회 스페셜'을 마지막으로 종영하였다-역주)』에서는 매회 클라이맥스에는 인롱(印籠)을 내보이고 미토 측이 상대를 제압하면서(우리나라의 암행어사가 '마패'를 내보이는 식-역주) 이야기가 끝납니다. 매회 똑같은 엔딩으로 끝나지만, 그럼에도 사람들이 자꾸 보게 되는 것은 거기에 이르기까지의 과정에 여러 가지 맛깔난 재미를 더해서 시청자를 즐겁게 만들어주기 때문입니다.

로맨틱 코미디 영화도 마찬가지입니다. 관객은 영화를 보기 전부터 두 주인공이 맺어지리라는 것을 알고 있습니다. 그래도 영화를 보는 것은 그렇게 되기까지의 과정이 재미있기 때문입니다.

가령 스토리의 서두에서 복잡기괴한 연쇄살인사건이 발생합니다. 하지만 사건 직후에 탐정이 불쑥 등장해서 거리낌 없이 단서를 잡아

낸 후 범인을 덥석 잡아버린다면 독자는 과정을 즐길 틈이 없어지겠지요.

그렇기 때문에 여러분도 머리를 짜내서 요모조모 재미있는 요소를 가미해서 멋진 전개 · 갈등 부분을 만들어보시기 바랍니다.

갑자기 이런 말을 하면 초심자인 여러분들은 많이 당황스럽겠지요? 하지만 걱정하지 마십시오. 프로 작가라도 이 파트를 재미있게 만드는 일은 무척 어렵답니다.

많은 어려움이 따르긴 해도 창작의 계기나 힌트가 될 말한 사고방식은 존재합니다. 다시 한 번 여러분의 플롯을 살펴보기로 합시다.

플롯 A

주인공이 언제 – 중세 경

어디서 – 판타지 느낌의 세계에서

누구와 – 자기 편 몬스터들과

어떻게 – 마법으로

사건 – 적을 물리친다

왜 – 사랑하는 사람과 세상을 구하기 위해서

앞에서 설명했듯이 이야기를 시작한 지 얼마 되지 않아서 클라이맥스에 도달해버리면 독자는 과정을 즐길 틈이 없습니다.

추리소설이라면 그렇게 쉽게 진범을 찾아버리면 재미가 없고, 플롯 A의 경우라면 주인공이 등장하고 나서 클라이맥스에서 대결하는 최종 보스까지 쉽게 도달해버리면 곤란합니다.

그렇다면 주인공이 쉽게 최종 보스까지 도달하지 못하도록 하려면 작가가 무엇을 해야 할까요?

"최종 보스가 있는 장소를 멀리 설정해둔다."

"최종 보스가 있는 장소를 엄청나게 접근하기 힘든 곳으로 정한다."

"최종 보스 외에도 적들이 대거 출현한다."

그렇군요. 그럼 다른 의견은 없습니까?

"있는 곳을 알고 있지만 그곳으로 가는 방법을 모른다."

"애초부터 최종 보스가 어디에 있는지 모른다."

"최종 보스가 누구인지 모른다."

"아, 좋은 생각이 떠올랐어요!"

네, 뭔가요?

"최종 보스가 누군지도 알고, 어디 있는지도 알고 있지만 주인공이 최종 보스를 물리칠 생각이 없다!"

"사실은 최종 보스의 정체가 주인공이 좋아하는 사람이었다, 같은 느낌?"

"맞아요! 사실은 주인공의 아버지였다, 라는 둥…… ."

네, 좋습니다. 이것 외에도 여러 가지 의견이 나왔는데 여기에 전부 다 써버리면 독자들이 상상의 나래를 펼칠 즐거움을 빼앗을 수도 있기 때문에 이 정도로 해두겠습니다.

그렇습니다. 주인공이 쉽게 클라이맥스에 도달하지 못하게 하려면 클라이맥스까지의 여정에 장애물을 놓아두면 됩니다. 그 장애물을 하나씩 제거해 가는 과정이 그대로 전개 · 갈등 부분이 되는 것입니다.

성공 지표를 통해 장애물 만들기

장애의 아이디어를 창출해내는 데 있어서 가장 알기 쉬운 것이 앞에서 설명한 '사건(=클라이맥스)을 쉽게 일으키지 못하게 하는/도달하기 힘들게 하는' 방법입니다.

이것 외에 주인공의 동기를 통해서 장애를 만들어낼 수도 있습니다.

플롯 A에서 설정한 주인공의 동기는,

'사랑하는 사람과 세상을 구하기 위해서'였습니다. 이 동기를 통해서 장애를 만들기 위해서는 주인공이 그리 쉽게 사랑하는 사람을 구할 수 없는/세상을 구하지 못하는 상황을 만들면 됩니다. 그렇다면 어떻게 하면 사랑하는 사람과 세상을 구하기 힘들게 만들 수 있을까요? 뭔가 생각나는 것이 있습니까?

"……."

"……."

어라? 이번에는 다들 조용하네요?

"뭐랄까, 우선 사랑하는 사람을 무엇으로부터 구하는지, 어떻게 하면 구한 것이 되는지를 모르니까 생각할 수가 없는 것 같아요."

네, 바로 그겁니다. 플롯 A에서는 그 부분이 명확하지 않아요. 아직 설정되지 않았기 때문입니다.

그래서 이번에는 성공 지표에 대해서 설명해보도록 하겠습니다.

성공 지표란 한마디로 말하면,

주인공이 구체적으로 어떤 조건을 충족시켜야 목표를 달성하는 것이 되는가?

라는 것입니다. 여기에서 포인트가 되는 것은 달성하는 조건이 반드시 구체적이어야 한다는 점입니다.

가령 '주인공이 적을 물리친다'라는 문장은 일견 구체적인 것 같지만 실제로 어떤 행동을 취해서 적을 물리치는지가 명확하지 않습니다.

예를 들어 설명하겠습니다.

'프로도 일당이 어둠의 제왕 사우론을 물리친다.'라는 문장에서는 프로도 일당이 구체적으로 어떻게 행동을 취하는지가 명확하게 전달되지 않습니다. 그러나

"프로도가 '절대 반지'를 용암 속으로 던져서 어둠의 제왕 사우론을 물리친다."

가 되면 행동의 내용이 구체적입니다.

"주인공이 살인 바이러스를 저지한다."

에서는 어떻게 저지하는지에 대한 수단이 명확하지 않습니다.

그러나

"주인공이 잠복기간 동안에 모든 환자에게 백신을 접종하여 살인 바이러스의 감염을 저지한다."

이렇게 되면 그 방법이 구체적으로 드러나게 됩니다.

"남자 주인공과 여주인공의 사랑이 이루어진다."

에서는 어떻게 해서 사랑이 이루어지는지가 명확하지 않지만

"남자 주인공이 여주인공에게 프러포즈를 해서 '예스'라는 답을 받아낸다."

라고 하면 남주인공이 해야 할 일이 명확히 보이게 됩니다.

"'절대 반지'를 용암 속으로 던진다."

"늦기 전에 모든 환자에게 백신을 접종한다."

"프러포즈를 해서 '예스'라는 답을 얻어낸다."

이런 구체적인 행동을 이 책에서는 성공 지표라고 부르겠습니다.

그러면 여기서 다시 한 번 여러분의 플롯을 살펴보기로 합시다.

플롯 A

주인공이 언제 – 중세 경

어디서 – 판타지 느낌의 세계에서

누구와 – 자기 편 몬스터들과

어떻게 – 마법으로

사건 – 적을 물리친다

왜 – 사랑하는 사람과 세상을 구하기 위해서

이 플롯에 새로운 성공 지표의 항목을 첨가해보겠습니다. 성공 지표는 사건과 동기 두 가지를 생각해보시기 바랍니다.

플롯 A

주인공이 언제 – 중세 경

어디서 – 판타지 느낌의 세계에서

누구와 – 자기 편 몬스터들과

어떻게 – 마법으로

사건 – 적을 물리친다

(성공 지표 – 적의 몸에 부적을 붙여 돌로 만들어 깨부순다)

왜 – 사랑하는 사람과 세상을 구하기 위해서

(성공 지표 ① 적이 사랑하는 사람을 표적으로 지목해서 적을 물리친다=돌로 만들어 깨부숨으로써 사랑하는 사람을 위험에서 벗어나게 한다)

(성공 지표 ② 이대로 적을 살려두면 주인공이 사는 마을뿐 아니라 이 세상의 모든 인간이 희생되기 때문에 적을 물리친다=돌로 만들어 깨부숨으로써 사랑하는 사람을 위험에서 벗어나게 한다)

여러분, 어떠신가요? 여러분의 성공 지표를 써보셨나요?

플롯 A에서는 사건과 동기 모두 '적을 물리친다=돌로 만든다'가 성공 지표가 되었습니다. 하지만 여러분의 플롯에서는 이 두 가지가 다 일치한다고는 할 수 없습니다.

가령 스포츠물을 쓴다면,

사건 – 여름 시즌에 고시엔(효고 현 니시노미야 시에 있는 야구장으로, 매년 49개의 고등학교 팀이 겨루는 일본 전국 고교야구대회를 일컬음. 우리나라엔 황금사자기, 대통령배, 청룡기 등의 고교야구대회가 있다-역주)에서 우승한다

왜 – 라이벌에게 복수전을 펼치려고

이러한 플롯을 구상했다고 합시다.

'여름 시즌에 고시엔에서 우승한다'라는 사건은 그대로 성공 지표라고 할 수 있을 만큼 구체적입니다. 한편 '라이벌에게 복수전을 펼치려고'라는 동기에 대해서 말하자면, 과연 여름 시즌에 고시엔에서 우승하는 것만으로 복수전이 되는 걸까요? 극단적인 이야기로, 주인공이 부상으로 계속 시합에 못 나갔다고 합시다. 그 상태에서 자신의 팀이 우승을 한다고 해서 라이벌에게 복수하는 것이 될까요? 그렇지 않습니다. 주인공이 투수라면 결정적인 장면에서 라이벌 타자를 삼진아웃 시키거나, 혹은 라이벌도 투수라면 자신은 무실점으로 시합에서 이기는 등 구체적인 지표가 필요해집니다.

이렇게 생각해 가다보면 자신은 라이벌에게 당했지만 시합 그 자체는 자기 팀이 이겨서 우승했고, 주인공은 씁쓸한 기분을 맛본다고 하는 변칙적인 엔딩도 생각할 수 있습니다. 성공 지표를 생각하는 것은 스토리의 아이디어 확장으로 이어집니다.

플롯 A에서는 주인공이 사랑하는 사람이 적의 표적이 되었기 때문에 그것을 피하기 위해서 적과 싸우는 흐름으로 되어 있습니다. 그렇다면 처음부터 사랑하는 사람이 적의 표적이 안 되면 되는 것이 아닐까요? 무엇보다 적은 이 세상의 인간을 모두 먹어치우는 몬스터입니다. 무작정 싸우려 들기보다는 우선은 표적이 된 사람을 구하려고 하는 것이 자연스러울 것 같습니다. 여러분이 주인공이라면 어떻게 하시겠습니까?

"표적이 된 사람을 데리고 도망친다던가?"

"자기가 대신 표적이 된다."

"모두 함께 어딘가로 숨어버린다거나……."

그렇군요.

사실 인간이란 어떤 난관에 부딪히게 되면 갑자기 어려운 일을 시도하려 들지 않습니다. 처음에는 쉽게 할 수 있는 일부터 손대는 것이 일반적이지요. 그렇기 때문에 주인공에게도 그렇게 행동하도록 하는 것이 좋습니다.

그렇게 하면서 주인공의 퇴로를 차단하는 것입니다.

플롯 A의 경우라면, 주인공은 적의 표적으로 지목된 사람을 데리고 도망치려 하지만 사전에 들켜서 붙잡힌다거나 모두 함께 어딘가로 도망을 간다거나 변절자가 숨어 있는 장소를 적에게 슬쩍 흘려준다거나 하는 등입니다.

이렇듯 동기에서 거꾸로 역산해서 장애물을 만들어내고, 그것에 대한 시행착오를 그려내는 것으로도 전개 · 갈등 파트를 만들 수가 있습니다.

앞의 그래프에 사건의 성공 지표와 전개 · 갈등에서 해야 할 일을

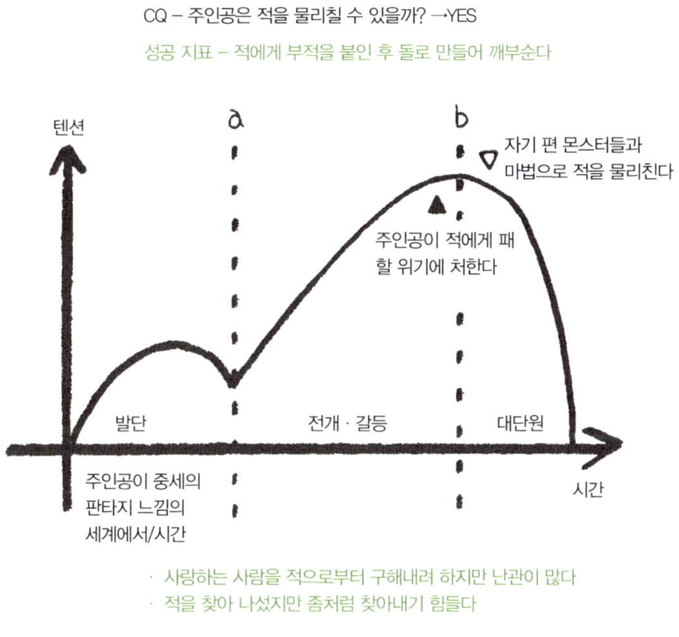

그림 9

써넣으면 그림 9와 같이 됩니다.

초록색 글자가 이번에 써넣은 부분입니다.

어떻습니까? 플롯의 윤곽이 더욱 뚜렷해지는 느낌이 들 것입니다.

단편이나 중편이라면 이것만으로도 충분히 전개 · 갈등 파트를 만들 수 있을 것입니다. 하지만 300매부터 400매를 넘는 장편이 되면 이것만으로는 단조롭게 느껴지거나 무료해질 가능성이 있습니다.

그래서 이번에 공부할 부분이 에피소드입니다. 그럼 다음으로 에피소드 만들기에 대해서 공부하도록 하겠습니다.

에피소드 추가하기

처음에 만든 '선호 작품 리스트'를 꺼내보시기 바랍니다. 여러분이 좋아하는 에피소드가 리스트업 되어 있을 것입니다. 그중에서 이번 회의 플롯에 쓸 만한 것을 몇 개 골라내보십시오.

이 시점에서는 별로 깊이 생각할 필요는 없습니다.

"이런 사건이 일어나면 재미있겠다."

"이런 에피소드가 있다면 가슴이 뛸 것 같아."

라는 정도로 편하게 생각해서 그것도 그래프에 써넣어주십시오. 여

CQ – 주인공은 적을 물리칠 수 있을까? →YES

성공 지표 – 적에게 부적을 붙인 후 돌로 만들어 깨부순다

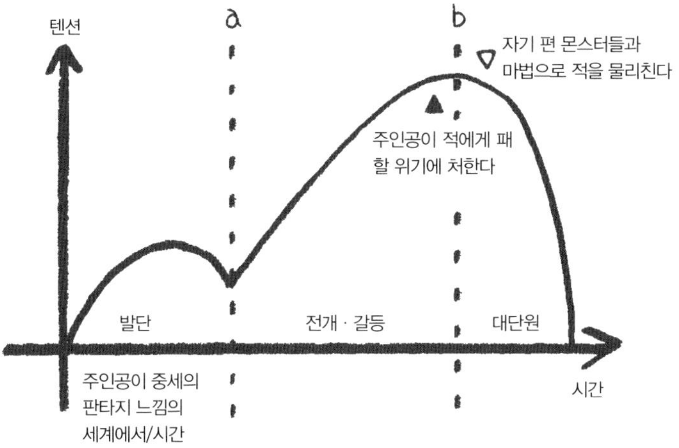

· 사랑하는 사람을 적으로부터 구해내려 하지만 난관이 많다
· 적을 찾아 나섰지만 좀처럼 찾아내기 힘들다

· 내 편이라고 굳게 믿었던 인물이 막판에 배신한다
· 무능한 아버지가 자식을 구하기 위해서 고군분투한다

그림 10

기서는,

"내 편이라고 굳게 믿었던 인물이 막판에 배신한다."

"무능한 아버지가 자식을 구하기 위해서 고군분투한다."

라는 두 개의 에피소드를 골라보았습니다.

추가하는 에피소드의 숫자는 여러분이 쓰려고 하는 이야기의 길이에 따라 다르겠지만 처음에는 크게 욕심내지 않는 것이 좋습니다. 이번 회에서는 우선 두 가지나 세 가지 정도로 압축하겠습니다.

"단편이기 때문에 추가하지 않겠어요."

"추가하고 싶은 에피소드가 특별히 없습니다."

라고 하는 사람은 '없음'이어도 상관없습니다.

그림 10의 그래프 밑에 초록색으로 써넣은 것이 에피소드입니다.

이상으로 그래프의 발단과 전개 · 갈등 파트, b의 클라이맥스와 그 직전의 사건이 완성되었습니다. 이제 남은 것은 a에서 일어나는 최초의 사건과 마지막의 대단원 파트입니다.

최초의 사건

여기에서 '사건'이라는 단어를 썼지만 이것은 반드시 살인사건과 같은 범죄일 필요는 없습니다. 앞으로 시작되는 이야기에 독자가 흥미를 느끼게 된다면 아무리 사소한 것이라도 좋습니다.

단, 최초의 사건은 클라이맥스의 사건과 반드시 연관되어 있어야 합니다.

야구부에 들어간 주인공이 고시엔에 출전하기까지의 스포츠물이라면 주인공이 야구부에 들어가기까지의, 혹은 주인공이 '나는 반드시 고시엔에 가고 말거야!'라는 결심을 하게 되는 계기가 되는 사건을 이곳에 배치합니다.

엽기적인 살인사건을 해결하는 스토리라면 이 부분에서 첫 살인을 저지르고, 버디물이나 연애물이라면 이곳에서 주인공이 상대역과 인상적인 만남을 가집니다.

전쟁물이나 스포츠물에서는 주인공이 이곳에서 최종 보스와의 첫 만남을 경험합니다. 그렇다고 해서 갑자기 싸움이 시작되고 어느 한 편이 이기거나 지게 되면 이야기가 끝나버리므로 그 만남은 간접적인 경우가 많습니다. 세상을 어지럽히는 마왕의 소문을 듣는다거나 마왕에게 습격당한 마을을 목격하거나 혹은 어릴 적에 살던 고향 마을이 마왕에게 습격당해서 자기 혼자만 살아남는다는 등의 에피소드는 모두 주인공과 최종 보스와의 첫 만남을 그린 것입니다. 평범한 고등학생에 지나지 않던 주인공이 이미 에이스로서 장래를 촉망받고 있는 스타 선수(나중에 만나게 될 라이벌)와 우연히 알게 되는 등의 이야기도 최종 보스와의 첫 만남이라고 할 수 있습니다.

인물로서의 '적'이 존재하지 않는 스토리, 가령 자신의 뿌리를 찾아 떠나는 이야기나 그 세계 일인자를 목표로 하는 석세스 스토리 등에서는 최초의 사건에서 주인공의 동기나 지향해야 할 목표가 제시되기도 합니다. 지금까지 친부모로 알고 따랐던 사람들이 사실은 양부모였다는 것을 알게 되는 일, 엄청난 빚더미에서 헤어나기 위해서는 수단과 방법을 가리지 않고 퀴즈프로에 출연해서 거액의 상금을 거머쥐는 수밖에 없다, 라고 결심하는 일 등입니다.

여러분이 플롯에 써넣은 사건과 동기, 각각의 성공 지표를 다시 한 번 살펴보기로 합시다.

사건 - 적을 물리친다

(성공 지표 - 적의 몸에 부적을 붙여서 돌로 만들어 깨부순다)

왜 - 사랑하는 사람과 세상을 구하기 위해서

(성공 지표 ① 적이 사랑하는 사람을 표적으로 지목해서 적을 물리친다=돌로 만들어 깨부숨으로써 사랑하는 사람을 위험에서 벗어나게 한다)

(성공 지표 ② 이대로 적을 살려두면 주인공이 사는 마을뿐 아니라 이 세상의 모든 인간이 희생되기 때문에 적을 물리친다=돌로 만들어 깨부숨으로써 그러한 위험에서 벗어나게 한다)

이런 예라면 최초의 사건은 최종 보스와의 첫 만남이거나 주인공의 동기 부여를 그리는 것이 적절할 것 같습니다. 그 두 가지를 다 에피소드에 집어넣게 되면 스토리의 설득력은 더 높아지고 이야기의 템포감은 훨씬 좋아집니다.

최종 보스의 습격이 있었고, 마침내 다음 표적으로 자신이 사랑하는 사람이 지목되고 말았다. 주인공은 어떻게든 사랑하는 사람을 구해내려고 결심한다.

여기까지의 흐름을 하나의 에피소드로 정리해서 독자에게 제시하는 것입니다.

이때 최종 보스가 얼마나 잔혹한지, 표적으로 지목된 사람들이 얼마나 비참한 말로를 걷게 되는지를 독자에게 보여준다면, '앞으로 어떻게 될까?'라고 하는 서스펜스가 탄생됩니다. 최종 보스의 정체를 일부러 감추어 두고, 보기에는 평화로운 마을인데 어쩐 일인지 희생 제물(표적)을 바치는 풍습이 있다. 표적으로 지목되어 마을을 떠난 사람은 아무도 살아 돌아오지 못했다, 라는 식으로 쓰면 '왜 이런 일이 일어났을까?'라는 수수께끼(=미스터리)를 만들어낼 수가 있습니다.

서스펜스와 미스터리는 스토리를 만드는 데 있어서 매우 중요한 역할을 합니다. 이 두 가지 기법에 대해서는 뒷장에서 자세히 설명하기로 하겠습니다.

이것으로 최초의 사건 내용이 정해졌습니다. 이것도 그래프에 써넣어보십시오. 그림 11과 같이 완성됩니다. 초록색으로 추가된 부분이

CQ – 주인공은 적을 물리칠 수 있을까? →YES

성공 지표 – 적에게 부적을 붙인 후 돌로 만들어 깨부순다

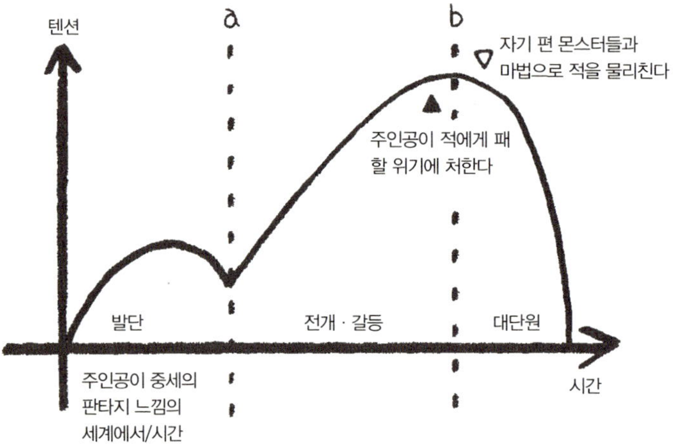

적의 습격
사랑하는 사람이 적의 표적으로 지목되어 온갖 수단을 동원해서 구하려고 결심한다

· 사랑하는 사람을 적의 표적으로부터 구해내려 하지만 난관이 많다
· 적을 찾아 나섰지만 좀처럼 찾아내기 힘들다
· 내 편이라고 굳게 믿었던 인물이 막판에 배신한다
· 무능한 아버지가 자식을 구하기 위해서 고군분투한다

그림 11

최초의 사건입니다. 이렇게 해서 이제 대단원 파트 한 부분만 남게 되었습니다.

지금까지 잘 따라와 주신 여러분, 수고 많으셨습니다. 이제 조금만 더 하면 플롯의 구성이 끝나므로 마지막 파트까지 분발해주시기 바랍니다.

대단원

독자가 주인공과 함께 여행을 떠나기도 하고 함께 고군분투하면서 애틋한 사랑에 가슴 아파하는 동안 어느새 시간은 점점 종반을 향해 달려가고 있습니다.

"주인공은 과연 적을 물리칠 수 있을까?"

"주인공의 노력은 보상받을 수 있을까?"

"주인공의 사랑은 이루어질까?"

이러한 질문(CQ)에 대한 답은 이미 클라이맥스에 나와 있습니다. 다시 말해서 독자의 기대나 호기심, 즉, '앞으로 어떻게 될지 궁금하다'라고 하는 최대의 동기부여는 힘을 잃은 상태입니다. 이제 독자와 이별을 고하고 이야기를 끝내는 일만 남았습니다.

대단원의 역할은 한마디로 말해서 독자에 대한 후속 조치(follow)입니다. 온갖 난관을 극복해서 마침내 염원하던 우승컵을 거머쥔 주인공. 그 만면의 미소를 제대로 보여줌으로써 독자는 '정말 다행이야!'라며 함께 기뻐할 수 있습니다.

우여곡절 끝에 가까스로 맺어진 연인들의 그 이후의 나날들을 살짝 보여주게 되면 독자는 '경사 났네, 경사 났어!'라며 여운을 즐길 수 있으며, 목숨 건 작전을 무사히 수행한 형사가 집으로 돌아가는 장면에서는 독자도 그와 함께 '휴~' 하며 한숨 돌릴 수 있게 됩니다.

즉, CQ에 대한 답이 나온 뒤 '주인공은 어떻게 되었을까?'에 대한 후일담을 산뜻하게, 어디까지나 '산뜻하게' 보여주는 파트입니다.

플롯 A의 경우 CQ는 '주인공은 적을 물리칠 수 있을까?'였습니다. 그러나 직접적인 계기는 주인공이 사랑하는 사람이 적의 표적으로 지목되어 그 사람을 구하고 싶다고 주인공이 생각한 것입니다. 독자에 대한 후속 조치를 생각한다면 여기서는 주인공과 사랑하는 사람의 '그 후'를 보여주는 것이 순리겠지요.

일반적으로 해피엔딩 스토리의 대단원은 그렇게까지 길 필요는 없습니다. 미해결의 복선(伏線)을 걷어내고 독자의 호기심을 만족시킨다면 거기에서 엔드마크를 찍는 것이 좋습니다.

한편 새드엔딩 중에는 대단원을 다소 길게 할 필요가 있는 이야기

가 있습니다. 불치병, 소중한 사람과의 이별이나 사별을 그린 이야기가 그 대표적인 예입니다. 클라이맥스에서 맞이하게 되는 절절한 이별의 후일담은 독자의 슬픔에 대한 후속 조치를 한다는 의미에서도 해피엔딩의 후일담보다 길어지는 일이 많을 것입니다.

물론 새드엔딩 스토리일지라도 대단원이 거의 없는 것도 있습니다. 사람들을 공포의 도가니 속으로 빠져들게 하는 엽기적인 살인범이 체포되고 겨우 한숨을 돌리는 주인공. 하지만 계속해서 조사에 협조해 온 둘도 없는 친구가 그의 등 뒤에서 이상야릇한 미소를 띠면서 칼을 높이 빼든다는 엔딩이 거기에 해당합니다.

이렇게 해서 스토리 전체의 흐름이 완성되었습니다.

그럼 이번 장의 총 정리를 하면서 플롯의 구성은 이것으로 마치도록 하겠습니다.

플롯 작성의 예

주인공이 언제 – 현대

어디서 – 도쿄 근교의 생화학 연구소에서

누구와 – 연구소의 상사, 부하들과

어떻게 – 신약을 개발하는 일로

사건 – 살인 바이러스의 폭발적인 감염 사태를 막는다

왜 – 바이러스에 감염된 딸을 구하려고

발단

언제(=시대), 어디서(=무대), 누가(=주인공)을 독자에게 제시한다

예 현대. 도쿄 근교의 생화학 연구소에서 바이러스 연구를 하는 주인공. 유능하지만 일밖에 모르는 일벌레로 아내, 딸과는 별거 중임

최초의 사건

클라이맥스에 관계되는 사건을 일으켜서 독자의 호기심을 자극한다

예 주인공 부하의 실수로 연구실에서 치사율 100%의 살인 바이러

스가 새나갔다

독자는 여기에서 CQ를 어렴풋이 의식한다

예 주인공은 이 살인 바이러스를 퇴치할 수 있을까?

전개 · 갈등 파트

주인공은 사건을 일으키려고 하지만 온갖 장애물로 인해 저지당한다

예 주인공은 연구소를 격리시키려고 하지만 바이러스는 이미 외부로 펴져나갔다

장애물은 주인공의 동기나 성공 지표로부터도 이끌어낼 수 있다

예 성공 지표 – 사흘 이내에 환자에게 백신을 접종할 것 ← 조건은 구체적으로!

장애물 – 백신이 있는 장소까지 가는 데만 사흘 이상 걸린다

예 동기 – 바이러스에 감염된 딸을 구하려고

장애물 – 별거 중인 아내가 주인공을 의심해서 딸을 주인공에게 내주려 하지 않는다

장편의 경우 그 밖의 에피소드를 추가해도 된다

예 바이러스의 만연이 계기가 되어 주인공과 별거 중인 아내와 관계를 회복한다

클라이맥스 직전

클라이맥스에서 일어나는 사건에 대한 반대 행위를 해서 독자들로 하여금 조바심을 고조시킨다

예 바이러스가 갑자기 변이를 일으켜서 힘들게 구한 백신이 듣지 않게 된다

독자는 여기에서 CQ를 분명하게 인식하게 된다

예 주인공은 이 살인 바이러스의 폭발적인 감염 사태를 과연 막을 수 있을까?

클라이맥스

주인공이 사건을 일으킨다

예 주인공 딸의 몸 안에 바이러스에 대한 항체가 발견되어 신약이 개발된다

독자는 여기에서 CQ의 답을 얻는다

(CQ의 답이 'YES'라면 해피엔딩, 'NO'라면 새드엔딩 ← 예외 있음)

예 주인공은 이 살인 바이러스의 폭발적인 감염 사태를 막을 수 있을 것인가? → YES

대단원

독자의 감정에 대한 후속 조치(follow)를 한다

예 건강을 회복한 딸, 재결합한 아내와 함께 행복하게 사는 주인공의 모습

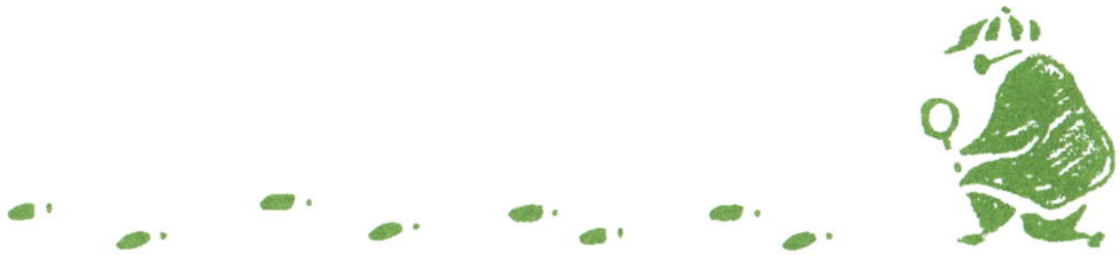

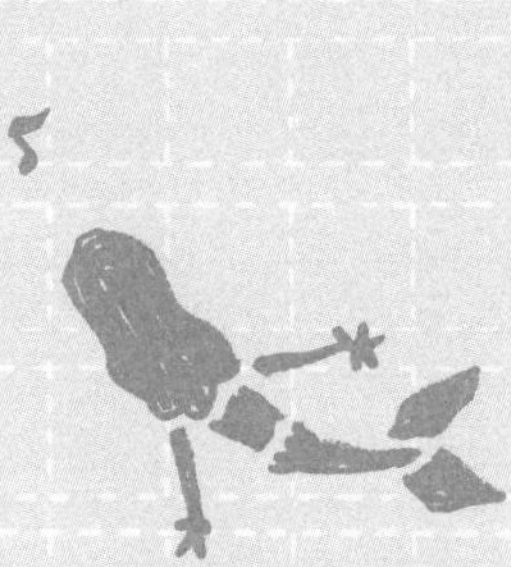

Lesson 3

캐릭터 만들기

Lesson 1과 Lesson 2에서는 이야기의 뼈대를 만드는 방법과 스토리라인을 만드는 방법에 대해서 설명했습니다. Lesson 3부터는 이야기에 등장하는 사람들, 즉 캐릭터에 대해서 이야기를 하려고 합니다.

스토리는 갈등이 클수록 재미있다

우리가 살고 있는 현실의 세계에서는 하루하루가 무사하고 평온한 것이 좋습니다. 천재지변이나 전쟁, 연인끼리의 언쟁조차도 없는 것이 좋습니다.

하지만 가공의 세계는 어떨까요?

나니아왕국을 점령하는 마녀가 나타나지 않고, 백설공주와 계모가 사이좋게 살아가며 살인 바이러스를 살포하는 테러리스트 같은 인간이 존재하지 않는다면, 또 무시무시한 허리케인이나 블리자드 같은 거대한 눈보라가 사람이 살고 있는 지역을 잘 피해서 지나가 준다면?

그렇습니다. 아무런 재미가 없겠지요.

이야기는 티격태격할수록, 드라마는 풍파를 일으킬수록 단연 재미있어집니다.

Lesson 2에서 소개한 '발단', '전개 · 갈등', '대단원'의 3막 구성은

관점을 달리하면,

문제 발생

↓

주인공(들)이 문제를 해결하기 위해 온갖 고초를 겪는 과정

↓

문제 해결(혹은 해결 실패)

의 흐름이라고 할 수 있습니다.

그런데 오락물 종류의 작품에서는 그 안에서 일어나는 트러블이 생명의 위기와 직결되는 것일수록 등장인물의 개성이 사라지는 경향이 있습니다.

왜 그럴까요?

욕구에는 단계가 있다

여러분은 매슬로(A. Maslow)의 '욕구단계이론'을 알고 계십니까? 인간의 욕구를 다음의 그림과 같은 5단계의 피라미드 형태로 나타낸 것이 바로 매슬로의 '욕구단계이론'입니다.

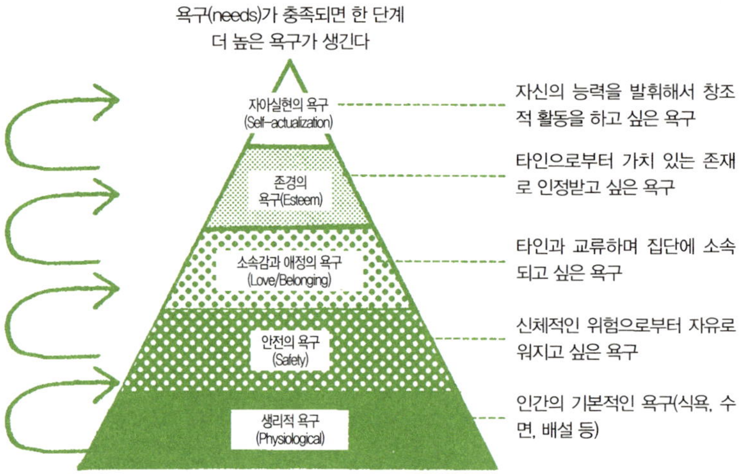

매슬로의 욕구단계이론

간단하게 설명을 해보겠습니다.

피라미드의 맨 아래쪽은 생리적 욕구입니다. 인간이 생명을 유지하기 위해서 먹고, 자고, 배설해야 하는 최소한의 원초적인 욕구입니다. 이 욕구가 충족되면 다음으로 원하게 되는 것이 안전의 욕구입니다. 오늘 하루 먹는 것이 해결되었다고 해서 절대로 안전하다고 할 수 없습니다. 오늘도 내일도 또 그 다음날도 계속해서 먹는 걱정에서 해방되어야 하며, 또 비바람을 막아주는 장소에서 오래도록 살 수 있기를 바라게 됩니다. 또 병이나 불의의 사고 등에 대비한 대책이 필요하다는 생각이 이 단계에서 생깁니다.

생리적 욕구와 안전의 욕구가 충족되면 다음으로 오는 것은 소속감과 애정의 욕구입니다. 그저 안전하게 사는 것만으로는 부족함을 느낍니다. 가족과 지역, 학교나 회사 등의 공동체에 소속되고 다른 사람들과의 연대감이 필요하다고 느낍니다.

이 세 가지의 욕구가 모두 충족이 되면 이번에는 존경의 욕구가 생기게 됩니다. 그저 집단에 소속되어 있는 것만으로는 부족함을 느끼게 되는 것이지요. 그 집단 안에서 자신은 가치 있는 존재라는 것을 인정받고 존중받고 싶은 욕구가 생깁니다. 많은 사람에게 주목받고 싶고 명성을 얻고 싶은 생각이 드는 것이지요. 자신감을 갖고 싶다고 생각하는 것도 이 욕구에 해당됩니다.

이렇게 네 가지의 욕구가 모두 충족이 되면 비로소 자기실현의 욕구가 생깁니다. '내가 될 수 있는 최고의 모습'이 되고 싶다고 생각하는 것입니다.

이 이론에서는 피라미드의 꼭대기에 가까울수록 인간적으로 복잡한 욕구, 아래쪽에 가까울수록 동물적이고 단순한 욕구라고 기억하시면 될 것 같습니다.

단순한 욕구에는 설득력이 있다

이야기를 쓰는 데 있어서 단순한 욕구는 독자에게 매우 강한 설득력을 얻게 됩니다. 다시 말해서 감정 이입이 되기 쉽다는 것입니다. '죽고 싶지 않아!', '살고 싶어!'라는 감정은 누구나가 보편적으로 지니고 있는 감정이기 때문이지요.

이 효과를 최대한도로 이용해서 만든 것이 작품 중에서 전대미문의 대재앙이나 대참사가 일어나는 디제스터물(재난 영화)이라 일컬어지는 장르입니다.

영화 〈타이타닉〉이나 〈일본 침몰〉 같은 영화를 보면서 나도 모르는 사이에 손에 땀을 쥐게 되는 것은 우리 모두가 느끼는 죽음에 대한 공포와 그것으로부터 도망치거나 살아남고 싶다는 감정을 아주 잘 표현하고 있기 때문입니다.

개성을 결정하는 세 가지 요소

사막에서 미치도록 물을 갈구하는 사람에게는 개성을 별로 느낄 수 없습니다. 살인마로부터 필사적으로 도망치는 사람도 마찬가지입니다. 거기에 있는 것은 오로지 '죽고 싶지 않아!', '살고 싶어!'라는 단순하고도 절실한 욕구뿐입니다.

하지만 마침내 물을 찾아내서 먹게 되고 살인마를 따돌린 뒤에는 어떨까요?

사막의 경우를 한번 생각해 보기로 합시다. 일단 목을 축인 다음에는,

"아, 이제는 살았어."

라며 긴장이 풀려 잠에 빠지는 사람이 있는가 하면,

"힘이 있을 때 조금이라도 더 가야지."

라며 다시 걸음을 재촉하는 사람이 있을 것입니다.

"도대체 내게 왜 이런 일이 닥친 거야?"

라며 분노하거나 고민에 빠지는 사람도 있습니다.

"지금쯤 가족들은 어떻게 되었을까?"

라며 걱정하는 사람 등 그 반응은 가지각색입니다.

왜 이렇게 반응이 제각기 다를까요?

"음, 아무래도 인간에게는 개성이 있기 때문이 아닐까요?"

그렇습니다. 그렇다면 그 개성은 어떻게 결정이 된다고 생각하시나요?

"…… 성격?"

그것도 맞겠네요. 하지만 '개성' 또는 '성격'이라고 한마디로 말하기에는 너무 광범위해서 구체적인 이미지가 잘 떠오르지 않습니다.

이 책에서는 캐릭터의 개성을 다음의 세 가지로 범위를 압축해서 생각해보겠습니다.

- 욕구(=동기)
- 가치관(=기호/선악의 판단)
- 능력

욕구는 '××하고 싶다'라고 원하는 감정입니다. '케이크가 먹고 싶어'서 '빵집에 가는' 것이고, '엄마한테 칭찬받고 싶어'서 '공부를 열심히 하는' 것입니다. 이렇듯 행동의 원인이 되는 욕구를 동기라고 말합니다.

하지만 '케이크가 먹고 싶다'고 해서 모두가 다 '빵집에 가는' 것은 아닙니다. '분위기 좋은 카페에 가서 먹는' 사람이 있는가 하면 '자기가 직접 만들어서 먹는' 사람도 있습니다. 카페에 가는 것도 '혼자서 가는' 사람이 있는가 하면 '친구를 불러서 함께 가는' 사람도 있습니다.

빵집에서 사오거나 카페에서 먹는 것 등을 결정하는 것은 그 사람의 취향입니다. 똑같은 카페라도 '중후한 앤티크 풍의 카페'를 좋아하는지 '시애틀 풍의 밝은 카페'를 좋아하는지 사람에 따라 취향이 다를 수 있으며 그 날의 기분에 따라서도 달라집니다.

혹은 여기에 '공부를 열심히 하는' 사람이 여러 명 있다고 합시다. 밖으로 드러나는 행동은 똑같이 '공부를 열심히 하는' 것이지만 그 동기는 다양합니다. '엄마한테 칭찬받으려고'도 그러하며, '라이벌한테 이기려고', '미래에 좀 더 안정된 생활을 하고 싶어서', 개중에는 '공부 자체가 재미있어서'라는 사람도 있을 수 있습니다.

'엄마한테 칭찬받고 싶다', '라이벌한테 이기고 싶다', '안정된 생활을 하고 싶다'라는 동기의 근본이 되는 것은 '엄마한테 칭찬받으면 기분 좋다(그래서 좋다)', '라이벌한테 이기면 기분이 좋다(그래서 좋다)', '안정된 생활을 하면 안심이 된다(그래서 좋다), 라고 하는 각자의 취향입니다.

이 세상에는 해서 즐거운 일, 가지면 기분 좋아지는 것이 많이 있지만, 그 중에서도 '나는 이게 제일 좋아!'라고 느끼는 기호(嗜好)의 최우선 순위를 결정하는 것을 가치관이라고 부릅니다.

가치관은 취향뿐 아니라 선악(善惡)을 판단하는 기준도 됩니다. 눈앞에서 울고 있는 사람을 '가엾게 여겨서 위로해주는' 사람이 있는가 하면 '가만히 내버려두는' 사람도 있습니다. 이것은 어느 쪽이 옳고 그른가의 문제가 아니라 각기 다른 가치관에 근거해서 행동하고 있다는 뜻입니다.

이렇듯 가치관을 '방식(policy)' 또는 '미의식(美意識)'이라고 부르는 사람도 있습니다.

"악한들이 판치는 것을 두고보는 것은 내 방식에 어긋나는 일이야."

"점심식사를 컵라면으로 때우는 것은 내 미의식이 허락하지 않아!"

라는 등입니다.

가치관에는 이렇듯 크게는 보편적인 선악의 문제부터 작게는 매일 매일의 도시락 메뉴에 이르기까지 다양한 스케일이 존재합니다.

가치관으로부터는 또 '××하는 것이 즐겁다(그러니까 하자)', '××는 하고 싶지 않아(그러니까 하지 말자)', '××만은 싫어(그러니까 도망치자)' 등의 마이너스 판단도 생겨납니다.

무언가에 대해서 마이너스적 판단이 내려졌을 때 사람은 크게 나누어 '싸운다', '도망친다', '아무것도 하지 않는다'라는 행동을 취합니다. 이는 투쟁-도피 반응(fight-or-flight response)으로 알려져 있는 것인데, 이것은 스토리를 만들 때 많은 참고가 되므로 기억해두면 좋습니다.

그렇다면 이 '싸움', '도피', '아무것도 하지 않는다'라는 판단에 크게 영향을 미치는 것은 무엇일까요? 바로 그 사람이 가진 능력입니다.

여러분 앞에 갑자기 살인 톱을 든 살인마가 나타났다고 합시다. 여러분은 어떻게 합니까?

"당연히 '으악!' 하며 비명을 지르겠지요."

"머릿속이 하얘지겠지요."

"도망칩니다."

그렇습니다. 거의 모든 사람들이 '움츠러들(아무것도 하지 않는다)'거나 '도망친다'겠지요.

하지만 만약 여러분이 타고난 싸움쟁이였다면 어떻게 하겠습니까? 혹은 마징가나 상대를 순식간에 개구리나 다른 무언가로 둔갑시키는 매직 아이템을 갖고 있다면?

"우선 그걸 사용해보겠지요."

"싸웁니다."

네, 그렇게 하겠지요.

어떻습니까? 이 예에서도 알 수 있듯이 여기에서 말하는 능력이란 육체적 · 정신적으로 본래 지닌 재능만이 아닙니다. 막대한 부(富)나 강력한 아군, 매직 아이템 등 '외적', '후천적' 능력도 능력 중의 하나라고 할 수 있는 것입니다.

지금까지 캐릭터의 개성을 결정하는 세 가지 요소, 욕구 · 가치관 · 능력에 대해서 이야기를 해보았습니다.

캐릭터를 만들 때는 이러한 요소들을 꼭 염두에 두고 만드시기 바랍니다. 이어서 캐릭터의 개성을 돋보이게 하기 위해서는 어떤 작업이 필요한지에 대해서 살펴보기로 하겠습니다.

개성 있는 캐릭터란?

"저 사람은 개성이 강해."

"저 녀석은 캐릭터가 살아 있어."

이런 말을 들으면 여러분은 어떤 인물을 떠올리게 되나요?

우리 모두는 다른 사람과 다릅니다. 우리 모두에게는 '개성'이 있습니다. 그럼에도 불구하고 굳이 '개성 있다'라고 평가받는 사람은 다른 사람들과 어디가 어떻게 다른 것일까요?

"뭔가 눈에 띄는 느낌."

"이상한 짓만 하는 사람."

"극단적?"

그렇습니다. '극단적!' 좋은 단어가 나왔네요.

'조금 이상한 사람'보다는 '꽤 이상한 사람' 쪽이 더 사람들 눈에 띕니다. 한겨울에 타이즈를 신는 사람은 전혀 이상하지 않지만 한여름에 전신타이즈를 입는다면 꽤 이상한 사람입니다.

"그다지 어려운 수술이 아닌데도 헤매는 외과 의사"와 "아무리 어려운 수술도 반드시 성공시키는 천재 외과 의사"

"저격율 60%의 저격수"와 "백발백중 저격수"

어느 쪽이 더 개성이 있는가는 말할 필요도 없겠지요.

캐릭터를 만들 때는 이 '극단'이라는 것을 의도적으로 사용합니다. 무엇을 위해서? 독자에게 캐릭터에 대한 강한 인상을 심어주고 눈에 띄게 만들기 위해서입니다.

학생들의 플롯을 읽고 있으면 아무래도 소극적이라고 할까, 어중간한 캐릭터를 종종 보게 됩니다.

"주인공은 평범한 여고생"

"○○은 평범한 남자 중학생"

"××는 어디서나 볼 수 있는 평범한 주부"

그런데 이런 플롯을 제출하는 학생들의 조역이나 적의 역할을 맡은 사람은 어찌된 일인지 개성이 매우 강합니다. 그러면 어떻게 될까요? 주인공의 존재감이 약해지거나 희미해집니다.

그렇다고 해서 평범한 것이 나쁘다는 말이 아니므로 오해는 하지 마시기 바랍니다. 이야기의 처음부터 마지막까지 평범하기만 하면 따분하다는 말을 하고 싶은 것입니다.

주인공을 '지극히 평범한 사람'으로 설정해서 독자의 흥미를 많이 끌고 싶다면 여러 가지 장치를 고안해낼 필요가 있습니다.

몇 가지 예를 들어 보겠습니다.

① 이야기의 스타트 지점은 지극히 평범한 소녀/소년이었지만, 어느 날 갑자기 대재앙에 휩쓸린다 → 사활을 건 생사의 갈림길에 서게 된다 → '죽고 싶지 않아!'라는 단순한 욕구에 독자가 감정이입을 한다.

② 처음에는 지극히 평범한 사람이었는데, 어느 날 갑자기 말도 안 되는 매직 아이템을 손에 넣거나 정의감 넘치는 히어로로 변신하게 된다 → 그것 때문에 생사의 갈림길에 서게 된다면 ①의 패턴입니다.

거기까지 가지 않아도 어떠한 문제에 휘말리게 되면 독자로 하여금 '앞으로 어떻게 될까?'라는 흥미를 유발할 수 있습니다. 또한 그 아이템이나 능력 때문에 주인공의 외모나 가치관이 극단적으로 변화된다면 그것이 주인공의 개성이 되고 나아가서는 그 행동도 '평범'과는 동떨어진 것이 됩니다.

『데스노트』나 『마스크』 등은 바로 이 패턴입니다.

지극히 평범한 주인공이 지극히 평범한 사랑을 하거나 지극히 평범한 문제에 휩쓸리거나 하는 상황을 재미있게 그리는 것은 매우 어려운 작업입니다.

초보자일수록 극단적인 상황, 극단적인 캐릭터를 사용해서 스토리를 만드는 연습을 하는 것이 좋습니다.

극단적인 상황과 극단적인 캐릭터

극단적인 상황에 대해서는 이미 앞에서 설명한 대로입니다. 스토리의 세계에서는 천재지변이나 살인 바이러스, 좀비 무리나 살인마도 결국에는 주인공(들)을 '생명의 위기'에 빠뜨려서 '살고 싶다!'라는 욕구를 끌어내기 위한 '장치'입니다.

여러분이 생각하지 않으면 안 되는 것은 따라서 '어떤 장치를 만들어서 주인공을 절체절명의 위기에 빠트리는가?' 하는 것입니다. 어떠한 위험 상황도 여러분의 취향에 따라서 달라집니다. 상상력을 충분히 발휘해서 온몸의 털이 삐쭉 설 만큼 무시무시한 것, 위험한 상황을 만들어내시기 바랍니다. 부디 어중간하게 처리하거나 주인공을 쉽게 구해내거나 하지 않기를 당부합니다.

다음으로는 극단적인 캐릭터에 대해서 이야기하겠습니다.

초보 작가 중에는 아이디어가 궁하면 뜬금없이 엉뚱한 외모의 캐릭터나 이상한 말투의 캐릭터(특히 여성 말투를 쓰는 남성 캐릭터)를 집어넣는 사람이 꽤 있는 것 같습니다.

이런 캐릭터는 이른바 '무기' 같은 것입니다. 처음 등장했을 당시에는 분위기가 살지만 어설프면 단순한 '양념'에 지나지 않게 되고, 아무 생각 없이 집어넣다 보면 점점 이야기에 방해가 될 수 있으니 조심해야 합니다.

외모나 말투, 몸짓에 특징을 부여하는 아이디어 자체는 결코 나쁘지 않습니다. 일부러 그런 캐릭터를 고안해냈으므로 조금 더 깊이 파고들어 생각해보자는 말입니다.

그러면 어디를 깊이 파고들 것인가, 하는 문제에 대해서 이야기해보겠습니다.

앞에서도 설명했듯이 이 책에서는 캐릭터의 개성을 아래의 세 가지 점에서 생각해보기로 하겠습니다.

- 욕구(=동기)
- 가치관(=기호/선악의 판단)
- 능력

이 중에서 한 가지, 혹은 복수를 극단화시키는 것만으로도 캐릭터는 자연스럽게 '살아나게' 됩니다.

꽤 오래 된 작품이긴 하지만 『아버지는 염려증』이라는 만화가 있었습니다. 여기에 등장하는 아버지는 딸을 너무 걱정한 나머지 스토커에 버금가는 행동을 되풀이하는가 하면, 딸의 남자 친구에게 짓궂은 장난으로 골탕을 먹이는 등 엉뚱한 캐릭터였습니다.

'자기 딸을 너무 사랑한 나머지 염려증이 된 아버지'라는 설정 자체는 특별할 것이 없습니다. 하지만 이 아버지는 '어떤 짓을 해서라도 내 딸을 지키고 싶다'라는 욕구에 지나치게 집착한 결과, '내 딸을 지키기 위해서는 어떤 짓이라도 한다'라는 가치관을 갖게 되어 딸을 걱정하는 여타 다른 아버지들과는 한 획을 긋는 캐릭터로 거듭나게 된 것입니다.

어떻습니까? 개성 넘치는 캐릭터를 만드는 일, 캐릭터를 살리는 일에 대해서 어느 정도 감이 잡히셨나요?

Lesson 4부터는 실제 캐릭터를 만들어보면서 주인공과 조연, 적대자의 역할을 그리는 방법에 대해서 공부하기로 하겠습니다.

Lesson 4

주인공 만들기

Lesson 4부터는 주인공과 중요한 조연을 만드는 방법에 대해서 공부하기로 하겠습니다.

중요한 조연은 주인공의 적대자이거나 조력자를 말합니다. 이 장에서는 우선 주인공 만들기를 해보겠습니다.

주인공의 캐릭터 정하기

Lesson 3에서도 설명한 것처럼 이 책에서는 캐릭터의 개성을 다음의 세 가지로 압축시켰습니다.

- 욕구(=동기)
- 가치관(=기호/선악의 판단)
- 능력

실제로 이러한 것들의 특성은 이야기를 써나가는 동안에 서서히 정해지는 것도 있지만, 초보자일 경우는 처음부터 정해놓고 글을 쓰기 시작하는 습관을 갖는 것이 좋습니다.

욕구 · 가치관 · 능력은 모두 캐릭터의 행동을 좌우하는 매우 중요한 요소입니다. 이것들을 제대로 설정해놓으면 여러분 캐릭터의 행동이 일관성을 유지할 수 있으며, 글을 쓰는 작가 스스로도 각 캐릭터의 이미지를 잘 살려낼 수 있습니다.

욕구 · 가치관 · 능력을 결정하는 순서는 특별히 정해진 것은 아닙니다. 여러 가지 순서를 시도해보고 자신에게 가장 맞는 방법을 찾아보시기 바랍니다.

이번에는 글쓰기 교실에서 실습했을 때의 모습을 소개하면서 주인공을 만들어나가는 과정을 살펴보도록 하겠습니다. 여러분도 함께 해보시기 바랍니다.

그러면 우선 여러분 작품의 주인공의 나이와 성별을 정해주십시오.

"열세 살 정도의 소년"
"열 살 정도의 소녀"

다 좋습니다. 그러면 다음으로 그 주인공의 능력을 정해보기로 합시다. Lesson 3에서도 설명했던 것처럼 여기에서 말하는 '능력'이란 신체적 능력이나 정신력에 국한되지 않습니다. 외적, 후천적 능력이나 마법의 아이템도 포함됩니다. 잠시 생각해보시기 바랍니다.

아이디어의 실마리를 원하는 사람은 Lesson 1에서 만든 '선호 작품 리스트'를 참고하는 것도 좋을 것 같네요. 리스트 안에 뭔가 힌트가 되는 것이 있을 것입니다.

뭔가 떠오르는 것이 있습니까?

"미래를 예지하는 능력"(13세 소년)

"노래와 춤에 타고난 재능을 지님"(10세 소녀)

좋습니다. 그것으로 가보겠습니다.

다음은 주인공의 이러한 능력에 대해서 조금 더 구체적으로 채워나가도록 하겠습니다. 지금 정한 능력의 정도와 그것에 대한 자기 평가입니다. 다음 매트릭스를 봐주십시오.

그림의 왼쪽 위인 A의 경우는 주인공의 능력이 객관적으로 보아도 뛰어나고 그 능력에 대한 자기평가도 높다는 것을 나타냅니다.

'나는 싸움에 강하다'라고 생각하고 있고, 실제로 싸움에서 한 번도 진 적이 없는 경우입니다.

왼쪽 아래인 B의 경우는 주인공이 대단한 능력을 갖고 있는데 반해

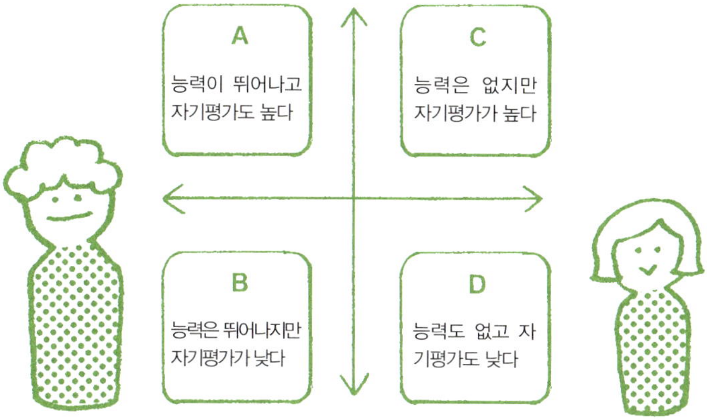

정작 본인은 그 능력을 알아차리지 못하고 있거나 자신의 능력 따위는 대수롭지 않다고 과소평가하는 상태입니다.

오른쪽 위인 C의 경우는 객관적으로 보면 주인공의 능력은 그리 대단해 보이지 않는 데 비해

본인은 '나는 대단해!', '내 능력은 대단해!'라고 과대평가하는 케이스입니다.

오른쪽 아래인 D는 객관적으로 보아도 별 볼일 없고 주관적으로 보아도 '나는 별 볼일 없는 놈이야'라고 자각하는 케이스입니다.

여러분이 지금 만든 주인공은 A~D 중 어느 케이스에 해당됩니까?

*주의사항!

여기에서 말하는 '주인공의 자기평가'는 앞에서 정한 능력에 대한 평가에 한정됩니다.

예를 들면 노래나 춤에 타고난 재능을 지닌 여주인공이 놀라울 정도로 미소녀라고 합시다. 본인도 자신의 외모가 예쁘다는 것을 자각하고 있지만 노래와 춤의 재능에 대해서는 전혀 자각하지 않고 있다면 이 히로인은 B의 '능력은 뛰어나지만 자기 평가가 낮다'로 분류하면 됩니다.

다 정하셨습니까?

그렇다면 여러분의 설정을 한번 살펴보도록 하겠습니다. ( ) 안의 숫자는 나이입니다.

소년(13) '미래를 예지하는 능력'

자기평가=B

소녀(10) '노래와 춤에 타고난 재능을 지님'

자기평가=B

어머나, 두 사람 다 'B'로군요. 능력은 뛰어난데 자기평가는 낮은 주인공인데, 맞습니까?

"네, 왠지 그쪽이 더 재미있을 것 같고 가슴이 뛴다고나 할까……."

"스토리가 진행되면서 주인공의 능력이 차츰 드러나는 것이 더 멋있을 것 같아서요."

그렇군요. B 타입의 주인공은 확실히 인기가 있습니다. 특히 젊은 층을 겨냥한 오락성 작품에서는 이 타입의 주인공이 꽤 많은 비율을 차지하고 있는 것 같습니다.

능력과 자기평가로 캐릭터는 변한다

이왕 여기까지 왔으니 다른 타입의 주인공에 대해서도 설명을 해보기로 하겠습니다.

우선 A 타입입니다.

능력이 뛰어나고 자기평가도 높은 주인공은 일종의 슈퍼맨입니다. 『고르고 13(1968년 만화잡지 '빅코믹'에 첫 선을 보인 이후 40년 넘게 연재될 정도로 높은 인기를 얻고 있는 일본 만화-역주)』이나 『셜록 홈즈』, 『블랙잭(일본 만화계의 거장 데즈카 오사무의 작품으로 무면허 천재 외과의사의 활약을 그림-역주)』 등은 자신의 능력을 잘 알고 있기 때문에 그 능력을 최대한도로 발휘하는 직업을 갖고 있습니다. TV나 영화에서는 천재적인 능력을 지닌 변호사, 천재적인 능력을 가진 수사관, 천재적인 능력을 가진 ××라는 식의 설정은 너무나도 많아서 일일이 셀 수가 없습니다.

그들에 대한 이야기는 자연히 '주인공의 특기나 직업에 의거해서 난처한 의뢰나 임무가 주어진다/사건이 일어난다' → '어려움을 해결하는 과정' → '의뢰 또는 임무의 완료/사건의 해결'이라는 경과를 거치게 마련입니다.

여러분이 이런 종류의 스토리를 쓰고 싶다면 다음의 세 가지 점은 확실하게 짚고 넘어가야 하겠습니다.

① 주인공의 능력

② 그 능력을 충분히 활용할 수 있는 직업이나 환경

③ 그 능력을 십분 활용해도 해결하기 어려운 사건, 혹은 의뢰

주인공과 오랜 기간에 걸쳐 반목을 하는 라이벌이나 적의 캐릭터 등도 이런 종류의 스토리에 감칠맛을 더해줍니다.

주인공의 라이벌이나 적대자의 캐릭터에 대해서는 나중에 적대자 항목에서 자세하게 다루기로 하겠습니다.

B 타입의 주인공에 대해서는 실습 작품이 나왔을 때 차차 설명하기로 하고 일단 C 타입으로 넘어가겠습니다. C 타입, 즉 능력은 뛰어나지 않음에도 불구하고 자기평가가 높은 주인공은 '독불장군 형', '정신이상자 형', 혹은 '부당한 취급에 분노하는 사람'입니다.

사춘기 아이들에게는 많건 적건 간에 이 타입의 특징이 나타납니다. '나는 지금보다 훨씬 높은 평가를 받아야 마땅하다'라며 분개하거나, '누구도 〈진정한 나의 모습〉을 알아보지 못한다'고 고민하거나 '나의 재능을 알아보는/나의 재능을 알아주는 누군가가 언젠가 나를 모시러 오지 않을까?'라는 꿈을 버리지 못하는 젊은이 캐릭터는 많은 'YA(Young Adult)' 작품에서 찾아볼 수 있습니다.

물론 이런 성격적인 특성을 가지는 것은 젊은이뿐만이 아닙니다. 가령 낙오된 챔피언(혹은 사장, 혹은 왕)이 있다고 합시다. 그의 시대는 종말을 고했고 현재 최고의 자리에 서 있는 것은 다른 인물입니다. 그러나 그는 그 사실을 인정하지 않고 아직도 막무가내로 자신이 챔피언이라고 주장하면서 양보하지 않는다…… 라는 식입니다.

C 타입 주인공의 스토리는

① 주인공이 주변의 평가를 신경 쓰거나/쓰지 않거나

② 주인공이 자신의 능력을 객관적으로 평가하게 되거나/되지 않

거나

③ 주인공이 자신을 변화시킬 노력을 하거나/하지 않거나

에 따라서 이후의 전개에 여러 가지 변주가 가능해집니다.

주인공이 주변의 평가에 전혀 신경쓰지 않고, '내가 누군지 알아?', '난 미쳤다고!'라며 막 나가게 되면 그 캐릭터는 '독불장군 형', '정신이상자'가 되고, '난 부당한 취급을 받고 있어', '그때 그 자식이 ×× 만 안 했어도……'라는 식으로 주변 사람을 원망하거나, 지금의 상태를 환경이나 상황 탓으로 돌리거나 한다면 그 캐릭터는 '부당한 취급에 분노하는 사람'이 됩니다.

독불장군 형, 혹은 부당한 취급에 분노하던 주인공이 어떤 계기로 인해, '사실 내 능력 따위는 대수로운 것이 아니었어'라는 사실을 깨닫게 된다면 그 캐릭터의 자기평가는 당연히 바뀌게 됩니다.

그 결과, '그래, 나는 앞으로 더 많이 노력해야 해!', 혹은 '이 분야에서는 실패했지만 다른 분야에서는 분발할 수 있어'라며 행동을 개시하거나, '그래, 역시 난 여기까지야'라며 절망하거나 '어차피 나 같은 건 늘 그렇지 뭐……'라며 계속 낙담만 하고 있으면 그 이후의 이야기 톤은 크게 달라집니다.

마지막으로 D 타입에 대해서 살펴보겠습니다.

능력도 뛰어나지 않고 자기평가도 낮은 주인공의 전형적인 예는, 『도라에몽』의 노진구(극중 '노비타'의 한국 이름-역주)입니다.

혼자서는 어떤 일을 해도 만족스럽게 해내지 못하고, 항상 "나 좀 도와줘, 도라에몽~"이라고 외치면서 도라에몽에게 늘 의지만 하는 노진구 같은 주인공은 왠지 코믹해서 미워할 수 없기 때문에 특히 오락용 장르에서는 꾸준한 인기를 누리고 있습니다.

이 타입의 주인공이 나오는 스토리에서는 주인공이 아무런 능력이 없는 만큼 그 주변에 뛰어난 능력을 지닌 주인공의 든든한 지원군이 배치되거나, 주인공 스스로가 나중에 뛰어난 능력이나 매직 아이템을 얻게 되는 패턴이 많습니다.

『도라에몽』에 등장하는 도라에몽은 실로 노진구의 든든한 지원군이며 강력한 매직 아이템이라고 할 수 있습니다.

강력한 매직 아이템을 얻은 무능한 주인공은 스토리에 따라서는 A 타입의 슈퍼맨으로 변신합니다.

무능한 상태에서 슈퍼맨이 되어 그 능력을 행사하는 과정에서 조금씩 내면도 성장해 나간다는 스타일의 성장 드라마는 일본의 만화 잡지 『소년 점프』 등에서 자주 볼 수 있는 패턴인데, 세대를 뛰어넘어 꾸준한 인기를 얻고 있는 장르입니다.

그밖에도 오래 전에 유행했던 로맨틱 코미디에는 사랑할 수밖에 없는 '엉뚱 발랄 덜렁이' 캐릭터 여주인공의 주변에는 똑똑한 사람, 친한 친구, 유능한 남자친구가 있다는 구도의 작품이 많았습니다.

『브리짓 존스의 일기』의 여자 주인공인 브리짓도 연애에 관한 한 D 타입의 주인공이라고 할 수 있습니다.

주인공을 도와주는 든든한 지원군에 대해서는 나중에 조력자 부분에서 자세하게 설명하도록 하겠습니다.

주인공의 가치관 정하기

설명이 길어졌지만, 이상으로 여러분 작품의 주인공의 성별, 연령, 능력과 정도, 자기평가가 정해졌습니다.

다음은 주인공의 가치관을 정하도록 하겠습니다.

두 사람이 만든 주인공은 각각,

소년(13) '미래를 예지하는 능력'

자기평가=B

소녀(10) '노래와 춤에 천부적인 재능을 지님'

자기평가=B

였습니다.

그렇다면 이들 주인공이 '살면서 가장 중요하게 생각하는 것'은 무엇입니까?

"……."

"……."

갑자기 그런 말을 물어보니 금방 대답하기가 어려우신가요? 그렇다면 질문을 바꾸어보겠습니다. 여러분이 살면서 가장 중요하게 생각하는 것은 무엇입니까?

"음, 그러니까 내 생명과 가족 같은 거?"

"꿈이라든가."

네, 좋습니다. 연습이기 때문에 우선은 그것을 사용해서 해보도록 합시다.

소년(13) '미래를 예지하는 능력'

자기평가=B

주인공의 가치관=살면서 가장 중요하게 생각하는 것은 자신의 생명과 가족이다.

소녀(10) '노래와 춤에 타고난 재능을 지녔다'

자기평가=B

주인공의 가치관은 '자신의 꿈'이다.

이렇게 해서 두 종류의 가치관이 완성되었습니다. 이 가치관을 중심으로 각각의 캐릭터를 만들어나가려고 하는데…… '꿈'이라고 대답한 사토 씨.

"네."

단순히 '꿈'이라고 하는 것은 좀 막연한 것 같습니다. 조금 더 구체적으로 들어보고 싶습니다. 어떤 꿈입니까?

"그러니까, 작가가 되고 싶다거나 작가로서 성공하고 싶다거나 그런 거?"

알겠습니다. 사토 씨가 만든 여주인공은 '노래와 춤에 타고난' 능력을 갖고 있습니다. 그 여주인공이 살면서 가장 중시하는 것은 '작가가 되고 싶은 꿈'이라는 설정으로 가도 되겠습니까?

"음…… 그렇다면 노래와 춤으로 성공하고 싶다는 꿈으로 하는 것이 자연스러울 것 같습니다."

억지로 바꿀 필요는 없습니다. 작가가 되고 싶다는 꿈을 중시하는 여주인공이 사실은 자신에게는 노래와 춤의 재능이 있다는 사실을 깨닫게 되는 스토리 전개도 가능하니까요.

"네. 하지만 역시 노래와 춤으로 성공하고 싶다는 꿈으로 하고 싶습니다."

알겠습니다. 그러면

소녀(10) '노래와 춤에 타고난 재능을 지녔다'

자기평가=B

가치관='노래와 춤으로 성공하고 싶다'라는 자신의 꿈

이라는 설정으로 진행하겠습니다.

이 책을 읽고 있는 여러분도 '꿈', '사랑', '평화'와 같이 막연한 단어가 나오면 이렇게 구체적인 언어로 채워주시기 바랍니다. 한마디로 '사랑'이라고 해도 가족에 대한 사랑, 친구에 대한 사랑, 연인에 대한 사랑 등 매우 다양합니다. '평화'라고 해도 어떤 상태를 '평화'라고 느끼는지는 사람에 따라 다릅니다.

막연한 단어밖에 생각나지 않을 때는 '그건 어떤 것일까?', '무엇(또는 누구)에 대한 것일까?' 등으로 자신에게 질문을 하거나 반복 질문을 하다보면 가치관을 명확하게 정의할 수 있게 됩니다.

주인공의 가치관이 정해졌습니까?

그러면 다음으로 그 가치관이 위기에 봉착하게 되는 상황을 생각해보시기 바랍니다. 가능하다면 패턴 10개 정도를 고안해내면 좋습니다. 구체적이 아니라 엉성해도 괜찮습니다. 이 책을 읽고 있는 독자 여러분도 이 부분에서 조금 시간을 할애해서 10개의 패턴을 생각해보시기 바랍니다.

다 되셨습니까?

반복질문 사용예시

'사랑'이나 '평화' 등 막연한 단어밖에 생각나지 않으면 다음의 순서로 질문을 반복해보시기 바랍니다.

예 평화

Q. 주인공은 왜 평화를 원하나?

A. 평화로우면 기분이 좋으니까

↓

Q. 주인공은 왜 기분이 좋은 것을 원하나?

A. 기분이 좋으면 안심이 되니까

↓

Q. 주인공은 왜 안심되기를 원하나?

A. 안심되면 ○○하니까

↓

Q. 주인공은 왜 ○○을 원하나?

A. ○○하면 ××하니까

이렇게 질문을 반복해서 답이 나올 때까지 계속합니다. 답 속에서 반복해서 나오는 키워드나 시추에이션이 주인공의 가치관이 됩니다.

그러면 여러분이 만든 패턴을 한번 살펴보기로 합시다.

주인공의 가치관을 '자기 생명과 가족'이라고 대답한 야마다 씨, 잠깐 메모를 보여주십시오.

"왠지 죄다 비슷한 설정이 되어버렸어요."

괜찮습니다. 지금은 아이디어를 내는 단계이기 때문에 비슷하거나 중복이 되어도 상관없습니다.

야마다 씨의 메모는 다음과 같습니다.

- 주인공의 마을에서 일어난 홍수로 인해 가족들이 휩쓸려 행방불명이 된다
- 주인공의 집이 화재로 불타 주인공 한 사람만 남기고 가족 전원이 사망한다
- 주인공이 살고 있는 곳에 역병이 돌아 가족이 모두 병에 걸린다
- 주인공 집 가까이에 있는 화산이 분화한다
- 주인공의 마을이 늑대의 습격을 당한다

- 주인공의 집이 도적들에게 습격당해서 주인공이 사라진다
- 주인공의 집이 도적들에게 습격당해서 주인공의 여동생이 사라진다
- 주인공의 가족이 난치병에 걸린다
- 주인공의 가족이 몬스터에게 습격당한다
- 주인공의 가족이 주인공을 잊어버리게 된다

네, 수고하셨습니다. 이 모두가 주인공의 가치관인 '자기 생명과 가족'의 어딘가에 해당되고, 또 온통 모든 사람이 위험에 처하는 상황이군요.

그러면 이런 상황이 되었을 때 주인공은 어떤 액션(=행동)을 취하게 될까요? 잠시 생각해보시기 바랍니다.

액션과 리액션

주인공의 시점에서 스토리를 본다면 이야기는 주인공의 액션과 **그에 대한 리액션의 반복**으로 진행됩니다. 예를 들면 이런 식입니다.

예 아름다운 주인공이 무대에 선다(=액션) → 그것을 본 사람이 주

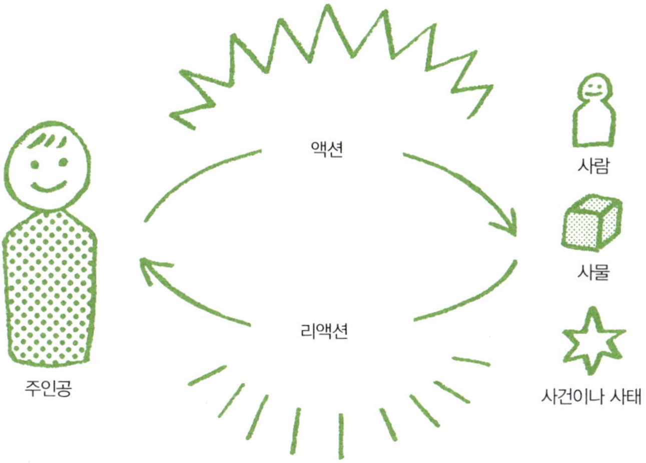

인공에게 스카우트 제의를 한다(=주인공의 액션에 대한 리액션) → 주인공은 그 사실을 어머니에게 얘기한다(=스카우트의 리액션에 대한 주인공의 액션) → 어머니는 주인공이 데뷔하는 것을 반대한다(=주인공의 액션에 대한 리액션)

어떻습니까? 액션과 리액션이 연쇄적으로 이어지면서 이야기가 전개되어 나간다는 것을 이제 이해하셨으리라 생각됩니다.

여러분은 지금까지 주인공의 성별과 나이, 능력과 자기평가, 더 나아가서 가치관을 정했습니다. 이들 요소는 모두 하나같이 주인공의 액션과 리액션에 크게 영향을 미칩니다.

예문에서 본 주인공을 대입해서 생각해보기로 합시다.

우선 성별입니다.

예문의 주인공이 미인이나 미남 청년이었을 경우에는 이야기의 톤이나 그 이후의 전개도 꽤 달라질 것이라는 것은 여러분도 충분히 상상이 가시리라 생각됩니다.

나이도 이야기에 영향을 미칩니다. 스카우트된 주인공이 10대였을 경우와 서른 살이 넘은 어른일 경우에는 스카우트의 목적이 달라지고 데뷔에 반대하는 어머니의 영향력도 달라집니다.

다음으로 능력입니다. 여기서는 단순히 '용모가 단정하다'라고밖에 씌어 있지 않지만 예쁘기만 하고 아무것도 못하는 여주인공과 사실은 만능 스포츠맨으로 스턴트우먼까지 소화해내는 여주인공, 혹은 마법을 사용하는 여주인공이 되면 그 뒤의 전개는 전혀 달라집니다.

능력에 대한 자기평가도 주인공의 행동에 영향을 미칩니다. 자기가 예쁘다는 사실을 알고 있고 그 사실에 자신감을 갖고 있는 여주인공과, 자신이 예쁘다는 사실을 전혀 자각하지 못하는 여주인공. 혹은 자신이 예쁘다는 사실을 알고 있지만 오히려 그것을 콤플렉스로 느끼는 여주인공과는 스카우트에 대한 반응이 각각 달라집니다.

가치관에 대해서도 마찬가지입니다. '사람은 첫인상이 90%를 좌우한다. 따라서 내 미모는 무기가 된다'라고 생각하는 주인공과 '사람의 가치는 외모로 판단할 수 없다', 혹은 '진정한 나를 알아주기를 바란다. 나는 겉모습만 예쁠 뿐이지 누구도 진정한 나를 알아주지 않는다'라고 생각하는 주인공과는…… 이하동문이기 때문에 생략하지만 이렇듯 나이나 성별, 능력이나 자기평가 등의 요소 하나가 바뀌는 것만으로도 이야기의 분위기나 전개는 전혀 달라진다는 사실을 알게 되셨으리라 생각됩니다.

여기에서는 야마다 씨가 만든 주인공을 예로 들어 함께 생각해보기로 하겠습니다. 야마다 씨의 주인공은 다음과 같은 소년입니다.

소년(13) '미래를 예지하는 능력'

자기평가=B

주인공의 가치관=자기 생명과 가족

이런 주인공이 가령,

주인공의 집에 불이 나서 주인공 한 사람만 남기고 가족이 모두 죽는다.

이런 경우에 처한다면 어떤 액션, 또는 리액션을 하게 될까요?

"음…… 주인공은 미래를 예지하는 능력이 있음에도 불구하고 화재와 가족, 또 죽음을 막지 못했기 때문에 많이 자책하지 않을까 생각됩니다. 아니면 비탄에 빠지거나……."

좋습니다. 무척 자연스럽습니다. 조금 더 생각을 해볼까요? 불쌍하게도 화재로 가족을 모두 잃게 된 주인공은 자책하거나 비탄에 빠지기도 하지만 마냥 울고만 있을 수는 없는 노릇이겠지요. 하지만 슬픔이 일단락되면 '이렇게 하고 싶다'라고 하는 욕구가 생기게 됩니다. 어떤 욕구가 생길까요?

"욕구? 욕구라…… 하지만 열세 살 나이에 이토록 비참한 일을 당하게 된다면 왠지 계속 울고만 있어도 이상하지 않을 것 같은 생각이 들어요. 하지만 그렇게 되면 스토리에 진전이 없으니까…… 음…… 음……."

네, 괜찮습니다. 그렇지요. 이것이 현실에서 일어난 일이라면 이대로 계속 비탄에 잠기는 것도 무리는 아니겠지요. 하지만 그렇게 되면 아무리 시간이 흘러도 이야기가 진행되지 않습니다. 그럴 때는 어떻게 해야 하나요?

주인공이 움직이지 않는다면 주변 사람이 움직이면 됩니다.

아까 했던 이야기를 떠올려주십시오. 이야기는 주인공의 액션 → 그에 대한 리액션 → 리액션에 대한 주인공의 액션……의 반복으로 진행되어 나갑니다.

드라마의 재미는 아무래도 사람과 사람이 서로 부대끼며 다투는 것입니다. 따라서 주인공을 가급적 고립시키지 않는 것이 좋습니다. 심리적으로는 고립되어도 상관없지만 ― 가령 크게 배신을 당한 경험이 트라우마가 되어서 아무도 믿지 못하는 주인공이라거나 ― 주변에 다양한 인물을 배치해서 그 사람들과 계속 관계를 맺으면서 이야기를 진행시켜 나갑니다.

주인공의 액션에 대해 리액션을 하는 캐릭터에는 여러 종류가 있습니다. 그 중에서도 대표적인 것이 적대자와 조력자입니다.

이상 마치고, Lesson 5부터는 적대자와 조력자를 만들어보기로 하겠습니다.

Lesson 5

적대자
만들기

트러블 · 갈등 · 대립

스토리는 갈등이 많을수록 재미있습니다. 드라마는 트러블이고 갈등이며 대립이기 때문입니다. 트러블, 갈등, 대립 중에서 트러블은 상대가 인간이 아니어도 성립됩니다. 서둘러 목적지에 가야 하는데 차가 막혀서 생각대로 차가 달리지 못한다거나 정글에서 맹수에게 쫓기거나 재해를 당한다거나 하는 것들이 그렇습니다.

또 갈등은 혼자 있을 때도 발생합니다. 다이어트를 하고 싶은데 케이크를 먹지 않고는 못 배긴다거나 실적을 올리지 않으면 정리해고를 당하는데 한 건도 성사시키지 못했을 때, 생각만큼 기록이나 성적이 안 오른다거나 하는 것들입니다.

하지만 대립의 경우만은 상대가 없으면 성립되지 않습니다. 자신 안에서 이성과 감정이 대립하게 되는 경우, 그것은 갈등이 됩니다.

그리고 주인공이 대립하는 상대는 대부분이 인간입니다. '고독한 남자 주인공이 거대 조직에 도전한다'라는 작품에서는 거대 조직의 이데올로기를 체현하는 캐릭터(=그 조직의 간부 등)가 등장하며, SF물이나 판타지물에서 주인공이 로봇이나 괴물과 대립하는 경우도 대립 상대에게는 어딘가 모르게 인간적인 성격이 부여되어 있습니다. 로봇이나 괴물에게 인간적인 요소가 가미되어 있지 않은 경우, 그것은 대립이 아니라 트러블입니다. 대상이 로봇이나 괴물이라는 형태를 취하고 있는 것만으로도 작품에서 맡게 되는 역할은 앞에서 말한 맹수, 재해와 똑같기 때문입니다.

적대자 캐릭터 만들기

스토리 중 여러 장면에서 주인공과 대립하는 캐릭터가 적대자입니다. 적대자는 주인공과는 상반되는 욕구, 혹은 가치관을 가진 캐릭터입니다.

'여자는 얼굴이 아니라 마음이다'라고 생각하는 주인공과 '여자는

얼굴이 전부다'라고 생각하는 적대자가 그렇습니다. 혹은 '의사는 어떤 일이 있어도 환자의 생명을 구하지 않으면 안 된다'라는 신념을 가진 주인공과 '억지로 생명을 연장시키기보다 때로는 존엄사를 선택할 자유를 주는 것도 의사의 의무다'라고 생각하는 적대자처럼 양자의 의견이 대립하게 만들면 이야기를 전개시켜 나가기가 수월해집니다.

여기서 주의해야 할 점은 '적대자'는 반드시 주인공의 '적'이어야 하는 것은 아니라는 점입니다. 물론 '적'일 경우가 많지만 내 편에서 '적대자'가 나오는 경우도 있기 때문입니다.

예를 들어서 설명해보겠습니다.

예

'다음에 아내가 될 사람은 요리와 청소를 잘하고 아이를 혼자 두지 않는 사람이 좋다'라는 욕구를 가진 이혼남 주인공

vs.

'결혼을 했다고 해서 가정에 구속되는 것은 말도 안 된다. 그와 결혼해도 지금 하는 일을 계속하고 싶다'라는 가치관과 욕구를 지닌 이혼남의 연인

애정물에서는 이렇듯 주인공과 연인의 연애나 결혼 생활에 대한 가

치관이 처음부터 대립하는 경우가 종종 있습니다. 이 경우는 연인이 주인공의 '적대자'가 됩니다.

여기서는 Lesson 4에서 등장한 사토 씨의 주인공을 예로 들어 적대자 캐릭터를 만들어보기로 하겠습니다. 사토 씨가 만든 주인공은

소녀(10) 능력='노래와 춤에 타고난 재능을 지녔다'
자기평가=B
가치관='노래와 춤으로 성공하고 싶다'라는 자신의 꿈

이라는 캐릭터입니다. 여자이기 때문에 여주인공이군요. 이 여주인공의 경우, '노래와 춤으로 성공하고 싶다'라는 꿈은 가치관임과 동시에 욕구이기도 합니다.

여러분, 가치관이 무엇인지 기억하고 계신가요?

그렇습니다. '나는 이게 제일 좋아!'라고 하는 기호(嗜好)의 최우선 순위를 결정하는 것이었지요. 그렇기 때문에 이 여주인공은 어떤 일이 있어도 '노래와 춤으로 성공하고 싶다'라는 자신의 꿈(=욕구)을 최우선적으로 생각하는 캐릭터라고 할 수 있습니다.

사토 씨에게도 이 여주인공의 가치관이 위기에 빠지는 패턴을 10개 만들어달라고 부탁해두었습니다. 사토 씨의 메모를 한번 보실까요?

- 주인공의 어머니가 노래와 춤으로 성공하고 싶어 하는 주인공의 꿈에 반대한다
- 주인공이 살고 있는 나라에서는 노래와 춤을 금지하는 법이 있다
- 주인공이 병에 걸려서 목소리가 나오지 않게 된다
- 주인공이 다쳐서 손발을 움직일 수 없게 된다
- 주인공이 입학한 학교 기숙사에서는 노래와 춤이 금지되어 있다
- 주인공은 노래와 춤 오디션을 받으려고 하는데 라이벌이 방해한다
- 주인공은 노래와 춤 오디션을 받으라는 제의를 받지만 자신이 없어서 포기한다
- 주인공이 사는 마을의 실력자가 마을 사람들에게 노래와 춤을 금지시켰다
- 주인공의 노래와 춤이 그 나라의 허용치를 크게 벗어나기 때문에 주변 사람들로부터 심한 비난을 받는다
- 주인공이 노래를 부르고 춤을 추었다는 이유로 엄청난 재난과 사고를 당한다

그러면 사토 씨, 이중에서 주인공의 적대자가 될 만한 인물이 나오는 것은 어느 것, 어느 것입니까?

"주인공이 어머니에게 반대를 당한다는 것과 라이벌에게 방해를 받

는 것, 마을의 실력자가 노래와 춤을 금지시킨다는 것이 그렇습니다."

네, 그러면 그 세 가지 중에서 가장 마음에 드는 것을 골라주십시오.

"그럼 마을의 실력자가 나오는 것으로 하겠습니다."

- 주인공이 사는 마을의 실력자가 마을 사람들에게 노래와 춤을 금지시켰다

라는 케이스로군요. 알겠습니다.

아까 설명해드렸듯이 적대자는 주인공과는 대립되는 욕구, 또는 가치관을 가진 사람입니다. 사토 씨의 주인공은 '노래와 춤으로 성공하고 싶다'라는 자신의 꿈을 가장 소중하게 생각하는 여자 아이였지요? 그렇다면 이에 대립되는 적대자의 욕구나 가치관을 만들면 어떻게 되나요?

"노래나 춤 따위는 쓸모없는 것이라고 생각하거나 마을 사람들은 노래를 부르거나 춤을 추어서는 안 된다, 뭐 그런 것이겠죠?"

네, 그렇습니다. 마을의 실력자는 그런 가치관을 가진 인물입니다.

그렇다면 이 인물은 왜 노래와 춤을 그렇게까지 혐오하는 걸까요?

"아, 네. 그 부분은 미리 생각해둔 것이 있습니다. 사실 그 실력자, 즉 촌장에게는 병약한 자식이 있다. 그 아이는 노래를 부르거나 춤을

추지 못하는데 마을 아이들이 밖에서 노래를 부르거나 신나게 춤을 추며 뛰어논다면 자기 자식이 불쌍해지기 때문에 자기 마을에서는 노래와 춤을 금지시키려고 생각했다. 이러면 어떨까 생각해보았어요."

좋습니다. 이렇게 해서 주인공과 적대자의 가치관이 대립하게 됩니다. 게다가 적대자인 촌장에게는 "내 자식이 슬퍼하는 건 참을 수 없다."라고 하는 욕구가 있다는 것을 알게 되었습니다.

그런데 이 촌장의 나이와 성별은 어떻게 됩니까? 병약한 아이가 있으니까 어른이라는 것은 짐작이 되지만…….

"음, 그러니까 40대 정도의 남자로 해두지요."

알겠습니다. 그럼 여기서 정리를 해보겠습니다. 사토 씨의 적대자는,

촌장(40) 적대자. 남성.

욕구='내 자식이 슬퍼하는 건 참을 수 없다'

가치관='마을 사람들은 노래를 부르거나 춤을 추면 안 된다'

라는 캐릭터가 완성되었습니다.

그러면 마지막으로 이 적대자의 능력에 대해서 생각해보겠습니다. 적대자의 능력은 반드시 주인공의 욕구와 가치관에 영향을 미치는

것으로 생각해내야 합니다.

예를 들면, 이 촌장을 '마을에서 제일가는 땅 파기 달인'이라거나 '대식가 대회 챔피언'이라는 설정도 가능합니다. 하지만 이런 능력을 설정하는 것까지는 좋으나, 주인공의 가치관이나 욕구와는 직접적인 연관이 없습니다.

따라서 주인공의 가치관이나 욕구와 관련된 능력으로 설정해주십시오. 사토 씨, 어떻습니까?

"촌장이기 때문에 그 마을에서는 절대적인 권력을 갖고 있고, 그래서 마을 사람은 누구도 거역할 수 없다, 이런 것도 능력이 될 수 있을까요?"

네, 능력이 될 수 있지만 가급적 그 '절대적인 권력'이 구체적으로 어떤 것인지를 명시하면 더 좋겠군요. 가령 촌장은 마을 제일의 부자로 마을 사람들 모두가 그에게 빌린 돈이 있다거나, 그 부근 일대의 땅을 소유한 대지주로 거의 모든 마을 사람들이 그에게 땅을 빌려서 농사짓는 소작인이라거나 하는 등의……."

"네, 그럼 그 지주와 소작인으로 하겠습니다."

아니, 여러분이 직접 생각해보셔야지요. 이제 슬슬 여러분도 지쳐가시는 것 같네요.

그러면 적대자의 프로필을 정리해놓고 일단 휴식을 좀 취하도록 하겠습니다.

촌장(40) 적대자. 남성.

능력='소작인인 마을 사람에게 절대적인 권력을 행사하는 지주'

욕구='내 자식이 슬퍼하는 건 참을 수 없다'

가치관='마을 사람들은 노래를 부르거나 춤을 추면 안 된다'

휴식이 끝나면 이 적대자를 주인공과 충돌시켜 보겠습니다. 주인공만 설정해놓은 상태와 적대자가 있는 상태와는 이야기의 전개가 어떻게 달라지는지를 살펴보도록 하겠습니다.

적대자와 주인공 움직이기

그러면 사토 씨의 적대자를 이용해서 주인공을 한번 움직여보도록 하겠습니다.

소녀(10) 주인공. 여성.

능력='노래와 춤에 타고난 재능을 지님'

자기평가=B

가치관='노래와 춤으로 성공하고 싶다'라는 자신의 꿈

욕구='노래와 춤으로 성공하고 싶다'

촌장(40) 적대자. 남성.

능력='소작인인 마을 사람들에게 절대적인 권력을 행사하는 지주.

가치관='마을 사람들은 노래를 부르거나 춤을 추면 안 된다'

욕구='내 자식이 슬퍼하는 건 참을 수 없다'

그러고 보니 이 촌장의 능력에 대한 자기평가를 아직 정하지 않았네요. 사토 씨, 이 인물의 자기평가는 어느 타입입니까?

"A입니다."

그렇군요. 이 경우는 A의 '능력이 뛰어나고 자신도 그 사실을 알고 있다'가 되겠네요. 촌장은 자신이 지주라는 사실을 알고 있고, 소작인인 마을 사람들에게 권력을 행사하는 입장에 서 있다는 것도 당연히 알고 있기 때문이지요.

그러면 사토 씨, 이 촌장에게 노래와 춤을 금지당한 여주인공은 이제 어떻게 하나요?

"글쎄요, 마을에서 도망을 친다거나?"

마을에서 도망친다고요? 열 살밖에 안 된 아이가요?

"왜냐하면 촌장에게 거역할 수는 없고 마을에 남아 있는 한 자기가 좋아하는 노래와 춤을 출 수 없으니까요."

그렇군요. 그렇다면 이 스토리는 노래와 춤을 자유롭게 할 수 있는 환경을 찾아서 떠나는 소녀의 로드무비가 되는 셈이군요.

"네, 뭐 그렇다고 할 수 있겠지요."

그러면 지금까지 고생해서 만들어낸 촌장의 출연은 이것으로 끝! 인가요?

"그러고 보니 왠지 아깝네요."

그렇지요? 힘들게 만들었는데, 조금 더 이 마을에서 버텨보도록 합시다.

주인공이 마을에서 도망친다고 하는 흐름 자체는 리얼하고 괜찮게 느껴집니다. 다만 탈출이 성공하게 되면 촌장의 출연 자체가 불가능하기 때문에 여기서는 도망치다가 붙잡혀서 다시 끌려오는 에피소드로 하면 어떨까요?

'노래와 춤으로 성공하고 싶다'는 자신의 꿈을 이루기 위해서 마을을 탈출하는 것조차 마다하지 않는다는 주인공의 성격과 마을을 탈출하는 것이 그다지 녹록치 않다는 주인공의 환경이 모두 독자에게 전달되기 때문에 일거양득입니다.

액션 → 리액션의 흐름 만들기

그러면 지금까지 얘기한 부분을 Lesson 4에서 설명한 액션 → 리액션의 흐름으로 정리해보겠습니다.

주인공이 마을에서 탈출한다(=주인공의 액션)

↓

누군가가 주인공을 마을로 잡아 온다(=주인공의 액션에 대한 리액션)

이렇게 됩니다.

사토 씨, 주인공을 잡아 오는 사람은 누구입니까?

"음, 그러니까 촌장의 지령을 받은 마을 사람?"

그렇군요. 그럼 여기서 대립의 구도를 더욱 부각시키기 위해서 다음과 같이 다시 정리해보도록 하겠습니다.

주인공이 마을에서 도망친다(=주인공의 액션)

↓

촌장이 마을 사람을 시켜서 주인공을 잡아 온다

(=주인공의 액션에 대한 리액션)

이렇듯 액션 → 리액션의 흐름을 묘사할 때는 그 행동을 하는 인물이 누구인지, 주어를 명확하게 쓰는 것을 습관화하는 것이 좋습니다.

사토 씨의 스토리로 다시 돌아가겠습니다. 주인공의 액션이 계기가 되어 촌장이 리액션을 일으켰습니다. 다음은 주인공 차례입니다. 다시 끌려온 주인공은 어떻게 합니까?

"울고불고 난리치거나 난동을 부리거나……. 여하튼 반항하겠지요."

그렇습니다. 그러면 주인공의 액션을 써볼까요?

주인공이 마을에서 도망친다(=주인공의 액션)

↓

촌장이 마을 사람을 시켜서 주인공을 잡아 온다

(=주인공의 액션에 대한 리액션)

↓

도망치다 붙잡혀서 마을로 되돌아온 주인공은 울부짖으면서 반항

한다(=촌장의 리액션에 대한 주인공의 액션)

다시 촌장의 차례입니다. 주인공이 반항하는 모습을 보고 그는 어떤 액션을 취할까요?

"본때를 보여주려고 벌을 주거나 어떤 곳에 가두거나 하겠지요."

좋습니다. 그러면 벌주는 것으로 할까요, 아니면 가두는 것으로 할까요?

"음…… 그럼 도망친 벌로 가두는 것으로 하겠습니다."

어디에 가두나요?

"촌장 집에 있는 죄인 가두는 방에요."

죄인 가두는 방? 이것은 일본식 이야기로군요.

"아니요, 이미지로 보면 서양 판타지물인데, 성(城)의 지하 감옥이라는 것도 왠지 이상할 것 같아서요."

알겠습니다. 지금은 캐릭터 설정을 하고 있으므로 디테일한 것은 일단 보류하기로 합시다.

주인공이 마을에서 도망친다(=주인공의 액션)

↓

촌장이 마을 사람을 시켜서 주인공을 잡아 온다

(=주인공의 액션에 대한 리액션)

↓

도망치다 붙잡혀서 마을로 되돌아온 주인공은 울부짖으면서 반항한다(=촌장의 리액션에 대한 주인공의 액션)

↓

주인공이 반항하자 촌장은 주인공을 자기 집에 있는 감방에 가둔다(=주인공의 액션에 대한 리액션)

다음은 주인공 차례입니다. 감방에 감금당한 주인공은 어떻게 합니까?

"도망치려고 합니다. 하지만……."

하지만?

"도망치는 게 쉽지는 않겠지요. 음, 주인공은 아직 열 살이잖아요. 하지만 촌장은 마흔 살이고, 알만한 어른이 열 살 난 아이가 쉽게 도망치게 놔두지는 않겠지요. 그렇게 되면 촌장이 꽤나 멍청한 사람일 테니까요."

네, 아주 중요한 포인트를 지적해주셨어요. 사토 씨가 말씀하신 대로입니다.

"하지만 주인공은 도망치려고 발버둥쳐보지만 쉽지 않다는 거…….

이건 액션이 될까요?"

구체적으로 어떻게 도망치려고 하나요?

"감방 문을 마구 두드려보거나 소리도 질러보고, 뭐 그 또래 아이들이 해볼 만한 것은 다 해보지 않겠어요? 하지만 그곳은 어디까지나 촌장의 집이기 때문에 아무도 도와주지 않을 게 분명하고요."

그렇군요. 그 내용을 한번 써볼까요. 계속 반복이 되므로 전반부는 생략하겠습니다.

주인공이 반항하자 촌장은 주인공을 자기 집에 있는 감방에 가둔다
(=주인공의 액션에 대한 리액션)

↓

감방에 갇히게 된 주인공은 감방 문을 마구 두드려보고 소리도 지르면서 탈출을 시도하지만 성공하지 못한다
(=촌장의 리액션에 대한 주인공의 액션)

이렇게 되는 것이지요. 사토 씨, 다음에는 어떻게 하시겠습니까?

"다음에는 촌장 차례군요. 촌장은 처음부터 반항하는 주인공을 벌주기 위해서 가둔 것이기 때문에 주인공이 조용해질 때까지는 꺼내주지 않을 것이라 생각되는데요? 하지만……."

하지만?

"촌장은 주인공이 반항을 그칠 때까지 그냥 놔둘 생각이었어요. 하지만 제가 그리는 이미지로는 이 주인공은 그렇게 호락호락하게 물러날 캐릭터가 아닌 것이에요. 그렇다고 바로 '잘못했습니다. 살려주세요'라고 하지도 않을 거고요. 하지만 그렇게 되면 주인공은 계속 반항한다 → 촌장은 풀어주지 않는다, 라는 식으로 이야기가 계속 빙글빙글 돌 것 같은 느낌이 들어서요."

그렇군요. 이야기가 교착상태에 빠진다는 말씀이군요.

"네."

괜찮습니다. 그러면 여기에서 Lesson 4에서 배운 것을 잠깐 상기해볼까요?

이야기가 막혔을 때, 즉 주인공이 움직이지 않게 되었을 때는 어떻게 하라고 했나요?

"아, 다른 캐릭터를 움직여라?"

그렇습니다. 주인공이 움직이지 않으면 주변 사람이 움직이면 됩니다.

사토 씨의 이야기에서는 주인공과 적대자를 등장시켰습니다. 이 두 사람을 대립시킴으로써 스토리가 전개되어 온 것인데, 여기까지 와서 어느 쪽도 움직이지 않게 된 것이지요.

하지만 주인공의 액션에 대해 리액션을 일으키는 캐릭터는 적대자에 한정되지 않습니다. 이야기를 전개시켜 나가는 동안에는 조력자도 중요한 역할을 하게 됩니다.

이렇게 해서 다음의 Lesson 6에서는 조력자를 만드는 방법에 대해서 이야기해보도록 하겠습니다.

Lesson 6

조력자 만들기

힘에 부치는 트러블, 지나치게 강한 적대자

주인공의 능력에 비해 트러블의 규모가 너무 크거나 적대자의 능력이 지나치게 강하면 주인공 혼자의 힘으로는 감당하기가 힘듭니다.

이럴 때 초보자들은 종종 다음과 같이 대처합니다.

① 트러블의 규모나 레벨을 내린다

② 적대자의 능력을 축소시킨다

하지만 이것만은 절대로 하지 말아주십시오. 이야기가 재미없어집니다. 똑같은 이유로,

③ 주인공의 능력 설정의 최저 수준을 끌어 올린다

이것도 마찬가지입니다. 하지 않는 것이 좋습니다.

주인공의 능력을 더 끌어올려서 재설정하고 싶다면 트러블의 난이도나 적대자의 능력도 그에 대응해서 더 높이고 더 강하게 재설정해야 합니다.

Lesson 3에서 극단에 대해 배운 것을 다시 한 번 떠올려보시기 바랍니다. '저격율 60%의 저격수'보다 '백발백중 저격수' 쪽이 더 개성이 두드러지고 재미있다고 했었지요? 트러블이나 적대자도 마찬가지입니다.

'감염되어도 사흘간 앓아누우면 낫는 바이러스'보다 '치사율 100%의 바이러스' 쪽이 더 조마조마하게 만듭니다.

'조금만 힘을 쓰면 쓰러트릴 수 있는 적'보다는 '아무리 머리를 써봐도 이길 도리가 없는 적'과 대적하는 쪽이 더 조바심이 납니다. 즉, '오락성 끌어올리기=재미 배가'가 되는 것입니다.

"하지만 주인공이 아무리 머리를 써도 힘에 겨운 문제는 어떻게 해야 하나요?"

바로 그때가 조력자가 등장할 절호의 찬스입니다.

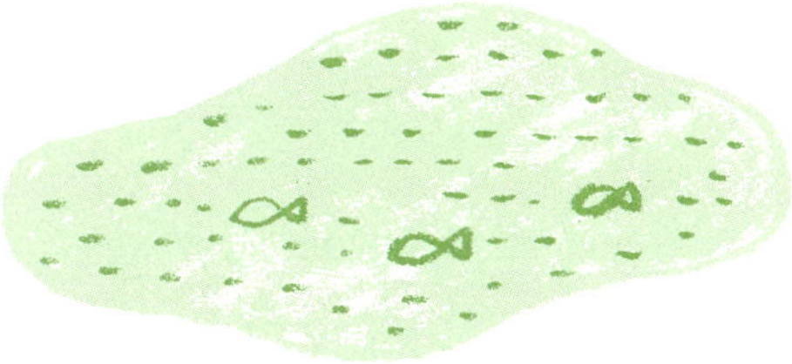

조력자의 등장

조력자는 주인공을 직접적으로 돕거나 유익한 정보를 제공하면서 주인공을 **서포트**하는 캐릭터입니다.

적대자가 주인공의 액션에 대해 저항이나 대립, 방해와 같은 이른바 **마이너스적 리액션**을 취하는 데 반해 조력자는 원조나 찬성, 협조 등의 **플러스적 리액션**을 취합니다.

주인공의 탐문 조사가 암초에 부딪혔을 때 생각지도 못한 힌트를 제공하는 목격자, 주인공이 풀이 죽어 있거나 의기소침해 있을 때 옆에서 위로해주는 친구와 같은 사람들은 모두 조력자로 분류할 수 있습니다.

이런 식으로 이 장에서는 조력자를 구상하고 만드는 방법에 대해서 배워보도록 하겠습니다.

조력자의 역할과 주의할 점

작품 중에서 조력자가 맡는 역할은 딱 두 가지로 요약됩니다.

그것은,

① 주인공 서포트하기

② 궁지에 몰렸을 때 길을 터주고 이야기의 맥을 이어주기

특히 중요한 것이 ②의 궁지에 몰렸을 때 길을 터주고 이야기의 맥을 이어주기입니다.

조력자는 주인공이 직면하고 있는 문제에 대해서 유익한 힌트를 제공하기도 하고, 때로는 직접 도움을 주어서 정체되어 있는 이야기의 길을 열어 흐름을 원활하게 해주는 역할을 합니다.

하지만 결코 도를 넘어서서는 안 됩니다.

한번 생각해보십시오. 만약 도라에몽이 진구 없이 퉁퉁이를 물리친다면 어떨까요? 혹은 『해리포터』에서 덤블도어가 혼자 힘으로 볼드모트를 쓰러트린다면?

그렇습니다. 만약 그렇게 된다면 그 이야기의 주인공은 진구가 아니라 도라에몽이 되고, 해리가 아니라 덤블도어가 되고 맙니다.

조력자는 어디까지나 주인공을 서포트하는 것만이 자기 몫인 캐릭터입니다. 주인공이 해결해야 할 문제를 대신 떠맡아서는 안 됩니다.

조력자를 출연시킬 때는 또 하나 주의해야 할 점이 있습니다. 그것은 조력자의 수준과 역할의 균형입니다.

예를 들어 설명해보기로 하겠습니다.

예 주인공은 길에서 살인 톱을 마구 휘두르고 다니는 흉악한 살인 마를 쫓고 있다. 범인을 놓친 주인공은 지나가던 행인 A에게,

"어느 쪽으로 갔나요?"

라고 묻는다. 가까스로 생명을 구한 행인 A는 피투성이가 된 시신 옆에서 부들부들 떨면서,

"아, 저쪽이요."

라며 살인마가 달아난 방향을 가리킨다. 주인공은 넋을 잃고 주저 앉아 있는 A를 뒤로 하고 계속 범인을 쫓는다.

이 장면에서는 행인 A가 이 한 신(scene)에만 등장해서 주인공의 조력자 역할을 훌륭히 해냈습니다.

하지만 만약 여기에서 A가,

"나도 함께 따라가겠어요!"

라면서 주인공을 따라 나선다면 A에게는 그런 행동을 할 만한 동기나 이유가 필요해집니다.

같은 장면을 이번에는 다른 테이크로 가볼까요?

예 주인공은 길에서 살인 톱을 마구 휘두르고 다니는 흉악한 살인 마를 쫓고 있다. 범인을 놓쳐서 초조해진 주인공이 주변을 둘러

본다. 그의 눈에 무참하게 죽어 있는 젊은 임산부와 그 옆에 넋을 잃은 채 무릎을 꿇고 있는 젊은이의 모습이 들어온다.

"어느 쪽으로 갔나요?"

젊은이는 아무 말도 하지 않고 앞쪽을 가리킨다.

"좋아!"라고 외치며 달리기 시작하는 주인공. 그런데 그 뒤를 젊은이가 쫓아온다.

"위험하니까 돌아가요!"

주인공은 젊은이를 말려보지만 젊은이는 입술을 꾹 다문 채 험악한 얼굴로 계속해서 뒤따라온다.

좀 어설픈 연출이긴 하지만 이런 장면을 만들게 되면 이 젊은이가 왜 주인공을 따라오는지 그 이유가 독자들에게도 전달이 됩니다.

다만, 이렇게까지 만들어놓은 이상 이 젊은이는 단순한 행인에 그칠 수는 없습니다.

앞쪽 예에서 등장한 행인 A가 그 뒤에 어떻게 되었는지 신경쓰는 독자는 아무도 없겠지만, 뒤쪽 사례의 젊은이가 그 뒤에 어떻게 되었는지는 여러분이라도 궁금하지 않으신가요?

이야기의 세계에서는 주인공과 적극적으로 엮이려는 강력한 동기나 이유를 가진 인물은 그 나름대로의 중요한 캐릭터가 됩니다. 그리고 결정적인 힌트나 귀중한 조력의 대부분은 이러한 캐릭터에 의해서도 제공됩니다.

다시 말해서 일회성 캐릭터에게 아무런 이유 없이 중요한 조력자 역할을 맡기면 안 된다는 사실입니다. 그렇게 하면 대개는 이야기의 전개가 편의주의에 빠지고 맙니다.

이제 실제 작업을 통해서 조금 더 자세하게 배워보도록 하겠습니다.

조력자 캐릭터 만들기

그러면 Lesson 4와 Lesson 5에 이어서 실습 작품을 참고하면서 조력자의 캐릭터를 만들어보기로 하겠습니다.

이번에는 Lesson 4에서 중간에 막혀버린 야마다 씨의 작품을 살펴보기로 하겠습니다. 야마다 씨가 만든 주인공은 다음과 같은 캐릭터였습니다.

소년(13) '미래를 예지하는 능력'

자기평가=B

가치관=자신의 생명과 가족

- 주인공의 집에 불이 나서 주인공 혼자 살아남고 가족 전원이 사망했다

이 주인공이 위와 같은 처지에 놓인 결과,

예지 능력이 있음에도 불구하고 가족의 죽음과 화재를 사전에 막지 못한 자신을 자책하며 비탄에 빠져 있다.

어린 몸으로 가족을 잃어버린 주인공은 계속 비관만 할 뿐 스스로 어떤 행동도 취하려 들지 않습니다. 즉, 이야기가 정체되어버린 것이지요.

그러면 야마다 씨, 여기서 조력자를 등장시켜서 이야기를 계속 진행시켜주세요.

"음, 그렇다면 동네 사람이 우선 자기 집에 주인공을 거두어준다거나……?"

OK! 그렇다면 조력자는 '이웃집 사람'이네요. 이 '이웃집 사람'은 왜 주인공을 거두는 거죠?

"그러니까…… 화재로 가족과 집을 몽땅 잃어 울고 있는 아이를

혼자 놔두기가 애처로워서 하루나 이틀 정도를 재워준다, 뭐 그 정도죠."

그렇다면 이 '이웃집 사람'은 현시점에서는 주인공 소년을 본격적으로 거두거나 양자로 삼는다거나 할 마음은 없는 거네요?

"네, 맞아요. 소년이 안정될 때까지는 자기 집에 두지만 계속 있는 것은 곤란하다, 그런 느낌입니다."

알겠습니다. 그러면 지금까지의 액션과 리액션의 흐름을 정리해보겠습니다.

주인공의 집에 불이 나서 주인공 혼자 살아남고 가족 전원이 사망했다

↓

주인공은 예지 능력이 있음에도 불구하고 화재와 가족의 죽음을 미리 막지 못한 자신을 자책하며 비탄에 빠져 있다

(=사건에 대한 주인공의 액션)

↓

이웃집 사람이 주인공을 당분간 거둔다

(=주인공의 액션에 대한 리액션)

다음은 주인공 차례입니다.

당분간 이웃집 사람이 자신을 돌봐준다고 했을 때 주인공은 어떻게 생각하고 어떤 행동을 취하게 되나요?

"남의 집에 폐를 끼치는 것에 대해서 미안해하면서 눈치를 볼 것 같습니다. 면목이 없으니까 청소나 설거지 같은 걸 도와주자, 그런 생각을 하겠죠."

꽤나 기특한 캐릭터로군요. 그런 주인공을 보고 이웃집 사람은 어떻게 합니까?

"뭐, 기특하기도 하고 가엾기도 하지만, 자신도 가족을 부양해야 하니 언젠가는 내보내야 하지 않을까, 그런 생각을 할 것 같아요."

그러면 그것을 액션/리액션 차트에 써넣어봅시다.

주인공은 예지 능력이 있음에도 불구하고 화재와 가족의 죽음을 미리 막지 못한 자신을 자책하며 비탄에 빠져 있다

(=사건에 대한 주인공의 액션)

↓

이웃집 사람이 주인공을 당분간 거둔다

(=주인공의 액션에 대한 리액션)

↓

주인공은 이웃집 사람에게 눈치가 보여 기특하게도 집안일을 돕는다(=리액션에 대한 주인공의 액션)

↓

이웃집 사람은 그런 주인공을 가엽게 생각하지만 언젠가는 내보낼 생각을 하고 있다(=주인공의 액션에 대한 내면의 리액션)

마지막 행의 밑줄 친 부분에 주목해주시기 바랍니다.

이웃집 사람은 현 시점에서는 속으로 생각만 할 뿐 겉으로 드러나는 행동은 아무것도 하고 있지 않습니다. 이 책에서는 이러한 반응을 내면의 액션 또는 내면의 리액션이라고 부르고 있습니다.

기본적으로 내면의 액션/리액션은 어떠한 형태로든 눈에 보이는 행동으로 옮기거나 주변 캐릭터가 눈치를 채지 않는 이상은 다음의 액션/리액션으로 옮겨갈 수 없습니다.

현실의 세계에서도 그렇지 않나요? 돈이 없어서 경제적으로 어려움을 겪고 있어도 아무에게도 그 사실을 말하지 않고 일자리도 구하지 않는다면 돈이 생길 리 없는 것이지요. 그러나 자신은 아무것도 하지 않았는데 어느 날 갑자기 누군가가 짠~ 하고 나타나서 선뜻 50억 원을 건네주는 바람에 평생 먹고사는 데 어려움 없이 살았다고 합시다. 스토리의 세계에서는 그런 전개를 편의주의라고 말합니다.

그러니까 야마다 씨, 편의주의에 편승하지 않기 위해서라도 앞으로의 전개에 대해서 생각해보시기 바랍니다. 이웃집 사람이 어떤 행동을 취하거나 주인공이 눈치를 채거나 둘 중 하나입니다.

"음, 그렇다면 '주인공이 눈치챈다'로 할까요? 이런(이웃집 사람의) 분위기라는 건 굳이 말로 하지 않아도 주인공에게 어떤 식으로든 전해지게 마련이잖아요."

"그것도 그렇지만 이 주인공, 예지 능력이 있는 거 아니었어요?"

빙고! 바로 그거예요. 여기서 사토 씨가 멋지게 치고 들어왔네요!

"아, 맞아 그랬지! 자기가 쫓겨날 것을 예언할 수 있는 거였네요!"

아니, 뭐예요, 야마다 씨! 자신이 만든 캐릭터 아니었어요?

뭐, 아무래도 좋습니다. 그 흐름을 액션/리액션 차트에 써넣어 보겠습니다.

주인공은 이웃집 사람에게 눈치가 보여 기특하게도 집안일을 돕는다(=리액션에 대한 주인공의 액션)

↓

이웃집 사람은 그런 주인공을 가엽게 생각하지만 언젠가는 내보낼 생각을 하고 있다(=주인공의 액션에 대한 내면의 리액션)

↓

주인공은 자신이 이웃집 사람한테 쫓겨나는 장면을 예지 능력으로 보게 된다(=주인공의 내면의 액션)

이번에는 주인공의 내면의 액션이 나왔습니다.

주인공이 예지한 미래는 주인공이 자신의 입으로 말하지 않는 한 누구도 알 수가 없습니다. 이 내면의 액션을 받아서 뭐라도 좋으니 주인공이 눈에 보이는 행동을 취하게 해주세요, 야마다 씨.

"쫓겨날 때를 기다리지 않고 스스로 그 집을 나간다."

좋습니다. 그렇다면 액션 → 리액션 차트의 마지막 부분은 다음과 같습니다.

주인공은 자신이 이웃집 사람한테 쫓겨나는 장면을 예지 능력으로 보게 되어, (=주인공의 내면의 액션)

스스로 그 집을 나온다(=주인공의 내면의 액션에 근거한 액션)

이렇게 되어 야마다 씨의 주인공은 또다시 의지할 데 없는 사고무친의 몸으로 돌아가고 말았습니다.

여기서 주인공이 전처럼 비관해서 움츠러들어 아무것도 하지 않게 되면 이야기는 다시 정체되고 맙니다. 그뿐 아니라 지금까지 만들어

온 이웃집 사람과의 에피소드는 '도대체 뭐였어?'라는 모양새가 되고 맙니다.

드라마란 갈등, 대립과 동시에 변화를 그려내는 것이기도 합니다.

주인공, 또는 주인공을 둘러싼 사람들이나 상황이 에피소드 전과 후에는 반드시 변화가 뒤따라야 합니다.

그러면 이 에피소드를 통해서 야마다 씨가 만든 주인공, 혹은 주인공을 둘러싼 사람들과 상황은 어떻게 변화되었을까요? 물론 주인공과 상황, 양쪽이 다 바뀌어도 상관없습니다.

이 책을 읽고 있는 여러분도 여기에서 잠시 시간을 내서 야마다 씨와 함께 다음에 이어지는 부분을 생각해보시기 바랍니다.

다 생각하셨습니까?

미리 말씀드리지만, 이 문제에 정답은 없습니다. 열 명이 있으면 열 개, 백 명이 있으면 백 개의 전개가 만들어지는 것이 당연한 일입니다.

따라서 다음에 설명하는 것은 수많은 정답 중 하나의 '예시'에 불과합니다. 거듭 당부 드리지만 자신이 생각했던 이야기를 '틀렸다'고 생각하는 일이 없으시기 바랍니다.

그러면 야마다 씨가 생각했던 이야기를 계속 들어보기로 하겠습니다.

"주인공은 원래 가족과 자기 생명을 소중하게 생각하는 캐릭터이기 때문에 이웃집을 나온 뒤에는 '새로운 가족 찾기'에 박차를 가하게 될 것 같아요. 그래서 자기가 거처할 곳을 찾아서 여행을 떠난다, 뭐 이런 느낌이랄까요?"

그렇군요. 지난 회에 등장한 '이웃집 사람'처럼 임시로 돌봐주는 것이 아니라 앞으로 계속해서 함께 살아갈 사람을 찾아서 여행을 떠난다는 것이군요.

"네, 그렇습니다."

그렇다면 주인공은 그 뒤에 '새로운 가족을 찾고 싶다'라는 욕구를 쫓아서 행동하게 되겠네요. 그 사실과 주인공이 가진 예지 능력을 어떻게 연결시켜 나갈지, 앞으로의 전개가 기대가 되는데요?

그러면 여기에서 등장한 조력자에 대해서 조금 더 생각해보기로 하겠습니다.

야마다 씨가 생각한 전개라면 이 '이웃집 사람'은 앞의 예에 나온 행인 A와 마찬가지로 별로 중요하지 않은 캐릭터가 됩니다. 주인공이 집에서 나간 뒤에는 아마도 이 '이웃집 사람'의 등장 신은 거의 없을 테니까요.

하지만 가령, '주인공이 먼저 이웃집을 나간다'는 액션에 대해서 이웃집 사람이 '아무리 생각해봐도 이대로 내쫓을 수는 없어. 우리 집에 계속 살게 해야겠어!'라며 주인공의 뒤를 쫓아가게 되면 이 캐릭터는 좀 더 중요한 역할이 됩니다. 그렇게 되면 이후의 전개는 '화재로 가족을 잃은 주인공 소년과 소년을 돌보게 된 이웃집 사람이 여러 가지 갈등을 극복한 뒤에 진정한 가족으로 거듭나는 휴먼 드라마'가 될 수도 있습니다.

전자의 경우라면 이웃집 사람은 단순한 행인 캐릭터이기 때문에 그렇게까지 구체적으로 인물을 파고들 필요는 없습니다. 그러나 후자처럼 부주인공, 또는 조연 같은 역할까지 맡게 된다면 적대자를 만들 때처럼 욕구나 가치관, 능력 등도 자세하게 설정할 필요가 있습니다.

Summary

자, 여러분, 어떻습니까?

주인공과 적대자, 조력자를 만드는 방법에 대해서 어렴풋이나마 알게 되셨나요?

지루하게 느껴지실지 모르지만, 이야기는 주인공의 액션과 그에 대한 주변 사람 · 사물 · 사건이나 사태의 리액션의 반복으로 진행되어

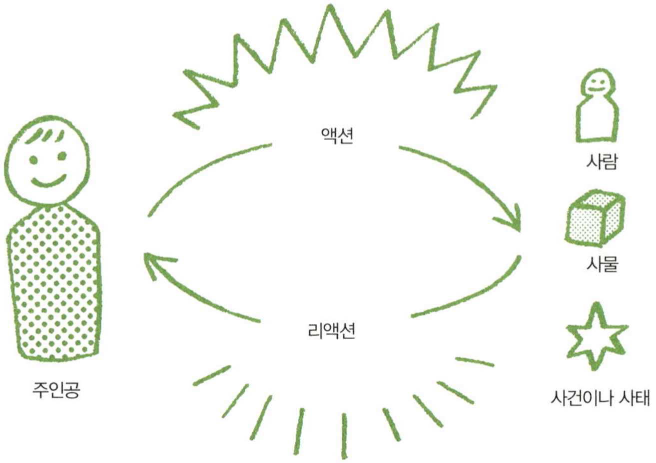

나가는 것입니다.

주인공이 전혀 액션을 취하지 않거나 주인공의 액션에 대해 아무도/아무것도 리액션을 취하지 않게 되면 그것은 곧 이야기가 정체되어 있다는 것을 말합니다.

"속도감 있게 이야기를 전개시키고 싶다."

"술술 읽히는 이야기를 쓰고 싶다."

라는 생각을 가진 사람은 특히 이 사실을 명심하는 것이 좋습니다.

주인공이 정글에 들어간다(=주인공의 액션) → 사람 냄새를 맡고 호

랑이가 습격해온다(=주인공의 액션에 대한 리액션)

혹은,

주인공이 복권을 산다(=주인공의 액션) → 그 복권이 당첨되어 10억 원이 생긴다(주인공의 액션에 대한 리액션)

이런 케이스에서는 리액션을 취하는 것이 '호랑이'라는 인간 이외의 어떤 것이거나 '복권이 당첨되는' 사건이 되기도 합니다. 단, '호랑이'나 '복권 당첨'은 사람이 아니기 때문에 주인공과 언어나 감정의 교류는 생기지 않습니다.

우리가 소설을 읽거나 TV 드라마를 보는 것은 인간에 대해 그린 이야기를 읽고 싶거나 보고 싶다고 느낄 때입니다.

작품 중에 일어나는 사건이 아무리 잘 나가고 재미있어도 그 사건을 둘러싼 인간의 감정이 묘사되지 않는다면 그것은 단순히 일어난 사건을 나열하고 있는 것에 지나지 않습니다. 따라서 드라마의 재미는 반감되고 맙니다.

정체되어 있는 이야기의 흐름을 원활하게 만들기 위해서는 사건을 일으키거나 적대자를 출연시키는 것, 조력자에게 도움을 청하는 것이 좋습니다.

하지만 거기서 잊지 말아야 할 것이 있습니다. 우리 인간은 감정을 가진 동물입니다. 뭔가 사건이 일어나면 반드시 그것에 반응해서 감정도 움직이게 마련입니다. 어려움을 당했을 때 누군가가 도움의 손길을 뻗어주면 그에 대해 단순하게 '고맙다'고 느끼는 사람과 '그런 자신의 처지가 한심하기 짝이 없고 속상하다'고 느끼는 사람이 있습니다. 그 차이는 어디에서 올까요? 그렇습니다. 그 사람의 가치관에서 오는 것입니다. 주인공을 비롯해서 주요 캐릭터를 움직일 때는 그들이 가진 가치관이나 욕구를 잘 고려해서 움직이도록 하십시오.

부디 글을 쓰면서 '이렇게 움직이는 쪽이 이야기의 전개에 유리하다'는 이유만으로 마음대로 조정(control)하지 않기를 재삼 부탁드립니다. 아무래도 이야기를 꼭 그런 식으로 끌고 가야겠다면 그 캐릭터가 그렇게 행동할 수밖에 없는 필연성을 만들어주십시오.

등장인물이 각자의 욕구나 가치관을 잘 살려낸다면, 어떤 의미에서 제 멋대로 마음 가는 대로 행동한다 해도 이야기는 놀라울 정도로 생동감 넘치고 재미있어집니다.

이 책에서는 편의상 '적대자'와 '조력자'를 각기 다른 캐릭터로 소개했는데, 사실 어떤 장면에서는 적대자였던 인물이 다른 장면에서는 조력자 역할을 하거나 조력자가 배신해서 적대자로 변신하는 일은 자주 있는 일입니다.

자기 나름대로 다양한 욕구나 가치관에 대해 연구해서 매력적인 캐릭터, 매력적인 이야기를 만들어내시기 바랍니다.

Lesson 7

디테일과 연출

Lesson 1과 Lesson 2에서 이야기의 구성을 만들었고, Lesson 3에서 Lesson 6까지는 주요 캐릭터를 만들어보았습니다. 이른바 이야기의 골격과 주요 파트를 만든 셈입니다.

Lesson 7에서는 이야기의 '살'에 해당되는 부분, 즉 디테일에 대해서 공부하도록 하겠습니다.

전통적인 패턴에 대한 과민 반응

앞으로 자신이 어떤 이야기를 쓰고 싶은지에 대해 이야기를 할 때 학생들은 종종 자조적으로 이런 말을 하곤 합니다.

"하지만 이런 스토리는 너무 흔한 이야기잖아요."

그러면서 애써 구상해낸 스토리를 깊이 검토해보지도 않고 지레 포기해버립니다.

여기서 잠깐!

'흔한' 게 그렇게 나쁜 것인가요?

"신인상에서 떨어진 작품의 심사평 같은 것을 읽어보면 종종 있지 않습니까? '전개가 너무 뻔하다'거나 '어딘가에서 본 듯한 에피소드로 뒤범벅이 되어 있는 것 같아서 신선하지 않다'라는 등……."

분명히 맞는 말입니다. '흔해빠진'이나 '비일비재'라는 말은 흔히 비난 어조로 많이 쓰입니다. 하지만 같은 말을 '정통파'나 '왕도(王道)', 혹은 '정석(定石)'이라고 표현하면 어떤가요? 플러스적인 의미가 되지 않나요?

그러면 '흔한 것'과 '왕도'의 차이는 어디에 있을까요? Lesson 1에서도 설명했다시피 널리 일반적으로 사랑받는 스토리에는 몇 가지의 전통적인 패턴이 있습니다.

신데렐라 스토리나 히어로물, 스포츠물 등은 '주인공이 ××한다'라는 사건과 '어떻게'라고 하는 시추에이션이 세트가 되어 있었지요. 이들 패턴을 일절 사용하지 않고 이야기를 만들어보라고 한다면 어떨까요?

아마도 그런 것은 프로 작가라도 어렵다고 하거나 거의 불가능한 것이 아닐까 생각합니다.

전통적인 패턴을 답습해서 쓰는 것이 반드시 나쁜 것만은 아닙니다. 그렇다면 이러한 '흔한 패턴'은 왜 자주 사용되는 것일까요?

우리가 그만큼 그 패턴을 좋아하기 때문입니다. 재미있다고 느끼기 때문입니다. 패턴을 답습하는 것이 나쁜 일은 아닙니다. 다만 디테일이 부실한 것이 나쁠 뿐입니다.

독창성은 디테일 안에 있다

예를 들어서 설명해보겠습니다.

여러분이 스포츠물 패턴을 사용해서 이야기를 만들려고 합니다. 스포츠물 특유의 플롯은 몇 가지가 있는데, 가령 다음과 같은 패턴을 채택했다고 합시다.

예

주인공이 어쩌다보니 천방지축 꼴찌 팀의 리더를 맡게 된다. 개성으로 똘똘 뭉친 팀원들에게 휘둘리면서도 어떻게 해서든지 팀의 성적을 올리려고 고군분투하는 주인공.

노력한 보람이 있어서 팀은 멋지게 첫 경기를 돌파하고 그 뒤에도 상승세를 이어가지만 결승전 직전에 치명적인 트러블이 발생한다. 우승은커녕 팀의 존속 자체가 흔들릴 위기에 처하게 되는 것이다.

한때는 절망적이라고 판단했던 결승전이었지만 주인공과 팀원들의 피땀 어린 노력이 기적을 일으켜서 팀은 결국 우승컵을 거머쥐면서 해피엔딩.

어떻습니까? 흔해빠진 스토리지요?

그러면 스토리라인은 이대로 하고 이 이야기의 다음 항목을 구상해 보십시오.

- 주인공의 성별 · 나이 · 직업
- 약체 팀이 싸우게 되는 경기
- 이야기의 무대가 되는 시대
- 이야기의 무대가 되는 장소

이 네 가지 항목을 적어도 다섯 개씩, 가능하다면 10개 정도씩을 생각해둔다면 좋습니다. 열심히 한번 만들어보시기 바랍니다.

다 만드셨습니까?

그러면 여러분의 답안 예를 보기로 하겠습니다. ( ) 안은 주인공의 나이입니다.

예 1

주인공 – 여고생(16)

경기 – 고교야구

시대 - 현대

무대 - 지방의 어느 도시

예 2

주인공 - 무직의 남성(34)

경기 - 사회인 풋살 리그

시대 - 현대

무대 - 도쿄 근교

예 3

주인공 - 검호(劍豪) 야규 주베에(26)

경기 - 장술(杖術, 지팡이를 무기로 하는 무술)

시대 - 에도 시대 초기

무대 - 다카토리(=가공의 지명)

예 4

주인공 - 초등학교 4학년 소년(10)

경기 - 주산

시대 - 에도 시대

무대 – 덴도(=실재했던 지명)

예 5

주인공 – 회사원(24)

경기 – 디저트 대회

시대 – 현대

무대 – 파티시에(제빵사) 양성학교

예 6

주인공 – 기사(25)

경기 – 마상 창시합

시대 – 중세

무대 – 프랑스

예 7

주인공 – 몰락한 귀족의 공주(16)

경기 – 조가비 경기(진기한 조가비에 일본 전통 시가 문학인 와카(和歌)를 곁들여 우열을 겨루는 놀이-역주)

시대 – 헤이안 시대

무대 – 궁중

예 8

주인공 – 마법사 소년(11)

경기 – 마법

시대 – 중세

무대 – ○○ 왕국

예 9

주인공 – 노인(81)

경기 – 게이트볼

시대 – 현대

무대 – 지방 도시

예 10

주인공 – 길고양이 · 수컷(4)

경기 – 펫 쇼

시대 – 현대

무대 – 동물 보호소

어떻습니까? 완전히 똑같은 스토리라인이지만 설정을 몇 가지만 바꾸어도 '이것은 아무리 봐도 흔해빠진 이야기가 될 것 같다'라는 것과 '이건 읽어보고 싶다' 혹은 '꼭 읽어보고 싶다!'로 나뉘는 것이 아닐까요?

어느 설정을 읽어보고 싶어 하는지는 사람에 따라 제각기 다르지만 흔한 패턴인지 아닌지의 관점에서 본다면 우선 예 1 · 2 · 5 · 9는 꽤 흔한 노선이라고 할 수 있습니다.

- '지역에서 최고 약체로 일컬어지는 야구팀의 매니저가 된 여고생이 팀을 고시엔에서 우승하게 만드는 이야기'
- '역경에서 헤어나지 못하는 무직의 남성이 같은 무직 동료들을 모아 풋살 팀을 결성해서 사회인 선수권 대회에서 우승하는 이야기'
- '파티시에 양성학교에 다니게 된 직장 여성이 같은 학교 학생들과 팀을 결성해서 디저트 대회에서 우승하는 이야기'
- '노인 요양원에서 따분한 일상을 보내던 주인공이 같은 요양원의 노인들과 팀을 결성해서 게이트볼 시합에서 우승하는 이야기'

거의 모두가 '정형화된' 느낌이 드는군요.

예 1 · 2는 여하튼 간에 예 5의 경우, '파티시에 양성학교'라는 조금 특이한 장소를 무대로 가져온 점은 높이 평가할 만하군요. 이 설정이라면 스포츠물 패턴과 동시에 전문직업물이나 흑막(黑幕)물의 패턴으로도 사용할 수 있습니다.

전문직업물 · 흑막물

전문직업물이나 흑막물의 전형적인 작품으로 금방 떠오르는 것은 의학드라마나 형사물, 교사물, 할리우드나 브로드웨이의 무대 뒷이야기를 그린 백스테이지물 등입니다. 이 모두가 조금씩 변조시키고 격을 높여서 지금도 계속 만들어지고 있습니다.

2005년에 TV에서 방영된 『여왕의 교실』은 지금까지의 교사물에 등장하는 '좋은 교사상'과는 대척점에 선 여주인공상을 만들어서 화제를 모았습니다. 디테일에 공을 들이면서 '정형화된' 패턴에 새로운 바람을 불어넣은 좋은 사례라 할 수 있습니다.

또 영화 『굿바이』에서 나오는 납관사(納棺師, 장례 시에 입관 절차를 관장하는 직업-역주)처럼 많이 알려져 있지 않은 직업을 소개한 작품이 주목받는 일도 있었고, 제16회 일본 판타지 노벨 대상에서 우수상을 수상한 『보너스 트럭』은 유머호러임과 동시에 유명 패스트푸드 체인의 이면의 모습을 무대로 한 직업물의 측면도 갖고 있습니다.

소설은 아니지만 승무원 출신이 제작한 『비행기 위의 기인들』이나 현역 호스트가 쓴 『호스트의 세계』, 유명 호텔의 프런트 매니저가 쓴 『아무도 모르는 5성 호텔의 24시간』 등에는 모두 그 세계에서만 일어날 수 있는 에피소드가 풍부하게 소개되고 있어서 독자들이 지루해할 틈이 없습니다.

전문직업물이나 흑막물의 묘미 중 하나는 독자들이 평소에 잘 볼 수 없는 직업의 이면을 살짝 훔쳐보는 즐거움이 있습니다. 이러한 디테일을 그려내기 위해서는 면밀한 취재가 필요합니다. 가장 손쉽게 할 수 있는 것은 역시 여러분이 직접 경험한 직업이나 자기 집안 대대로 내려오는 가업(家業)을 소재로 사용하는 것입니다.

이전에 한 학생이,

"소설을 쓰고 싶은데 소재가 부족해서……"라고 말하기에 부모님의 직업을 물었더니 놀랍게도 "불단(佛壇)을 파는 집요."라고 대답하는 것이 아니겠습니까!

제가 왜 그렇게 훌륭한 소재를 두고 썩히느냐고 했더니, 결국 그는 거기에 대한 이야기를 소설로 써서 나중에 최종 선발에서 살아남았습니다.

성장 이후에 자신의 의지로 들어간 회사나 직장과 달리 집안 대대로 내려온 가업은 의외로 맹점이 되기 쉬운 것 같습니다. 어릴 적부터 가까이서 보아온 탓에 그리 신기하거나 대단할 것이 없다고 생각하기 때문인지도 모르겠습니다.

사회문제와 연동시키기

예 9도 노인을 주인공으로 한다는 착안 자체는 나쁘지 않습니다. 다만 경기를 '게이트볼' 시합이라고 한 것이 조금 아쉽습니다. 노인이라고 하면 무엇보다도 게이트볼이 먼저 떠오르기 때문에 신선함이 많이 부족합니다. 이것이 가령 '역기 들기'나 '카레이스'라면 "노인이 어떻게 역기를 들지?"라거나 "도대체 노인이 카레이스 같은 걸 할 수 있는 걸까?" 하는 식으로 독자의 흥미를 끌 수 있습니다.

예 9의 노인이나 예 2처럼 무직의 남성을 주인공으로 할 경우는 노인문제나 고용문제와 같은 사회문제를 테마로 담아낼 수도 있습니다. 예 10의 '동물 보호소'도 애완동물의 유기문제도 그러하지만 명확한 테마나 메시지가 있는 작품은 독자에 대한 호소력도 높아집니다. 하지만 어떻게 그리느냐에 따라서 설교처럼 느껴질 수도 있고 시종일관 일방적인 가치관을 강요할 우려도 있기 때문에 조심하는 것이 좋습니다.

이야기는 어디까지나 오락입니다. 독자가 즐겁게 읽을 수 있는 내용으로 쓰는 것을 최우선으로 고려하는 것이 좋습니다.

경기 종목 만들기

여기에서 잠시 '흔한 패턴인지 아닌지'에 대한 관점에서 각 설정의 경기 종목을 살펴보도록 하겠습니다.

예 1의 '야구'는 이미 수많은 선행 작품들이 존재합니다. 예 2의 '풋살'이나 예 9의'게이트볼'은 야구나 축구에 비해서는 마이너 종목이기 때문에 다른 설정(주인공이나 무대 · 시대 등) 여하에 따라서는 조금 더 재미있게 만들 수 있을지도 모르겠습니다.

예 7은 '조가비 경기'라는 특이한 경기를 메인으로 가져왔습니다. 경기의 규칙이나 진행 방법, 세부적인 지식 등을 제대로 취재해서 이야기에 잘 버무려서 쓸 수 있다면 독자들은 많은 흥미를 느끼면서 재미있게 읽을 수가 있을 것입니다.

예 4의 '주산'은 현대물이라면 뭔가 밋밋함이 마이너스로 작용할 것 같기는 하지만 설정이 되는 무대가 에도시대입니다. 역사물과 잘 엮어서 만들면 다양한 구성이 가능할 것 같습니다. 역사물이나 타임슬립물 등 과거를 무대로 한 작품들에 대해서는 다음 항목에서 설명하겠습니다.

예 5의 '파티시에+디저트 대회'라는 소재는 여성에게는 먹힐 것 같지만 이것만으로는 뭔가 결정적 한 방이 부족합니다. 하나나 둘 정도 임팩트 있는 요소가 필요할 것 같습니다. 마찬가지로 예 10의 '고양이+펫 쇼'라는 소재는 고양이나 동물을 좋아하는 독자들을 끌어들일 수는 있겠지만,

"유기된 동물들이 어떻게든 입양해줄 사람을 찾기 위해 펫 쇼에 도전한다 → 입양해줄 사람을 좀처럼 찾지 못한 애완동물들 → 주인공 고양이의 활약으로 입양주를 찾아내고는 환호작약!"

이와 같은 플롯만으로는 이 또한 시종일관 정형화된 틀에 빠지게 될 위험이 있습니다. 여기에 덧붙여서 어떤 취향으로 독자를 즐겁게 만들 수 있을지, 작가의 역량이 필요한 부분입니다.

예 6의 '마상 창시합'과 예 7의 '장술'은 경기로서의 마이너적 성격에 덧붙여서 역사물의 요소가 있고, 활극물이나 격투기물로도 가져갈 수 있는 무척 감칠맛 나는 소재입니다. 다소 오래된 작품이긴 하지만 실제로 마상 창시합을 소재로 한 스포츠 영화로 『기사 윌리엄(A

Knight's Tale)』이라는 영화가 있었습니다. 흥미가 있는 사람은 꼭 감상해보시기 바랍니다. 그리고 작가들이 어떤 취향으로 관객을 즐겁게 만드는지, 스포츠 영화 이외에 어떤 패턴을 사용하고 있는지 예리하게 분석하면서 보면 좋을 것 같습니다.

마상 창시합도 그렇지만 미식축구나 럭비 등 선수들끼리 친해지기 쉬운 스포츠나 복싱 등의 격투기는 가령 골프나 양궁 등에 비해 시합 중 주인공들의 움직임이 어쨌든 화려하고 돋보입니다. 만화나 영상 작품의 시나리오 등에서는 특히 이러한 특성을 유감없이 발휘할 수가 있습니다.

미식축구나 복싱은 스포츠물에서도 선행 작품이 많은 경기인데, 일본에는 팀이 존재하지 않는 폴로나 선행 작품 수가 적은 롤러하키 등은 소재로서 거의 취급하지 않았던 만큼 제대로 취재를 해서 쓰면 신선감 넘치고 매력적인 작품을 쓸 수 있을 것 같습니다.

한편 양궁처럼 움직임이 적은 경기에서는 선수 내면이나 심경의 변화를 문장으로 쓸 수 있는 만큼 이야기나 소설 쪽이 더 적절할지도 모르겠습니다.

선수의 움직임이 적고, 게다가 마이너적인 경기를 다룬 작품으로는 야마모토 슈고로의 『쓰쓰미쿠라베(일본의 초등학교 교과서에 실릴 정도로 유명한 단편 소설-역주)』를 들 수 있습니다. 성주 앞에서 소고 실력을 겨루는 이야기로,'북 치기'라는 경기를 소재로 북을 치는 주인공이 성장하는 과정을 생동감 있게 그린 명작 단편입니다. 흥미가 있는 사람은 꼭 읽어보시기 바랍니다.

예8의 마법 대결은 이 설정만으로는 어떤 경기인지 잘 모르겠습니다. 이른바 공격 마법으로 상대를 패하게 하는 격투기 계통을 생각하는 것인지, 아니면 『해리포터』 시리즈에 등장하는 퀴디치 같은 스포츠인지, 경기의 구체적인 내용을 명시하지 않으면 '흔한' 것인지 어떤지를 일괄적으로 판단할 수 없습니다. 마법이 나오는 판타지물에 대해서는 뒤에 판타지물 항목에서 자세하게 다루겠습니다.

이상으로 경기 그 자체가 '흔한 패턴인지 아닌지'라는 관점에서 이야기를 진행해왔는데, 그렇다고 해서 야구나 축구 등의 메이저 경기를 소재로 스포츠물을 써서는 안 된다고 말하는 것은 절대 아닙니다. 메이저 종목을 소재로 쓴다면 그만큼 다른 부분을 깊이 연구하라고 말하고 싶은 것입니다.

2006년에 책으로도 출간되었고 영화로도 만들어진 미즈노 무네노리의 『가슴 배구』는 배구라는 메이저급 스포츠를 소재로 하면서 실력 최하위의 팀원들이 '시합에서 이기면 선생님 가슴을 보여주세요!'라는 말도 안 되는 조건을 달았다는 기상천외한 에피소드를 투입시킨

것만으로도 재미와 감동이 어우러진 멋진 청춘소설로 거듭났습니다. 같은 해 간행된 미우라 시온 씨의 『바람이 강하게 불고 있다』라는 소설도 하코네에키덴(일본에서 매년 1월 2일~3일 이틀 동안 실시되는 릴레이 마라톤 경주로, 각 대학에서 선발된 10명의 대학생이 마라톤 실력을 겨룬다-역주)이라는, 일본인이라면 모르는 사람이 없는 스포츠를 소재로 하면서 '죽청장'이라는 낡은 아파트와 그곳에서 살고 있는 개성 넘치는 사람들의 이야기로, 이 또한 사람들이 좋아할만한 시추에이션을 조합하여 매력적인 작품으로 탄생시켰습니다.

이 두 작품에서 공통된 것은 출전을 앞두고 이루어지는 연습 광경이나 그 경기가 아니면 만나볼 수 없는 여러 어려움들을 치밀한 취재를 바탕으로 짜임새 있는 구성으로 만들었다는 점입니다. 섬세한 디테일이 이야기 전체의 골격을 탄탄하게 잡아주고 있는 좋은 예라고 할 수 있습니다.

과거를 무대로 한 작품들

예 3 · 6 · 7은 시대를 과거로 돌린 작품으로, 역사물이나 시대극, 무협소설이나 괴기소설과 같은 장르와도 연결시켜서 만들 수 있습니다.

특히 예 3 · 7은 '헤이안 시대', '몰락 귀족', '공주', '야규 주베에(일본 에도시대 최강의 검객으로 쇼군 도쿠가와 이에미쓰를 보좌함-역주)'와 같은 키워드를 사용함으로써 이러한 키워드에 민감하게 반응하는 독자를 끌어들일 수가 있습니다.

다만 '야규 주베에'나 '오다 노부나가', 해외의 경우라면 '잔다르크'나 '나폴레옹' 등 이미 수많은 소설이나 드라마, 영화에서 다뤄진 인물의 경우, 작가 입장인 우리들로서는 이 인물들에 대한 열혈 팬들이 있다는 사실을 인지하여 각오를 단단히 하지 않으면 안 됩니다. 여러분의 작품에서 사용하고 안 하고와는 별도로, 그 인물이 살아온 생애나 세간에 널리 알려진 에피소드, 동시대의 유명인이나 시대 배경 등은 최대한도로 절제하는 것이 좋습니다.

예 3은 주인공을 공주로 하지 않고 좀 더 지위가 낮은 소녀, 가령 신분이 높은 아버지가 하녀한테서 낳은 딸 같은 설정으로, 조가비 경기의 실력을 인정받아 유망주로 떠오르는 신데렐라 스토리나 얼굴도 모르는 아버지를 찾아 나선다는, 이른바 자기 뿌리 찾기 여행과 엮어도 흥미로울 수 있습니다.

예 6은 앞에서도 설명했듯이 활극 · 격투기 계통으로 하는 것도 가능하고, 주인공을 '샤를르드 발루아', 연대를 '1295~1305년'처럼 실재한 인물과 시대로 설정하면 이것도 역사소설로 만들 수 있습니다.

역사소설의 묘미는 독자가 마치 그 시대로 타임슬립한 것처럼 과거의 풍물을 보고 느낄 수 있고, 역사상의 인물과 교류를 즐길 수 있다는 데 있습니다. 앞에서도 설명했듯이, 디테일 부분이 되겠지만, 시대 고증이나 풍속에 대한 고증을 주도면밀하게 하면 할수록 이야기 전체의 골격이 탄탄해집니다. 취재나 조사가 힘들기는 하지만, 그 과정을 즐길 수 있다면 작가로서 보람을 느낄 수 있는 장르라 할 수 있습니다.

타임슬립물

과거를 무대로 한 작품 중에서도 예 4는 타임슬립물입니다. 주인공이 과거나 미래를 오고가는 타임슬립물(혹은 타임트러블물)은 소설이나 영상으로도 많은 팬 층을 확보하고 있는 장르입니다.

2009년에 시즌 1, 2011년에 시즌 2가 TBS에서 방영되어 널리 인기를 얻은 『닥터 진』은 타임슬립물임과 동시에 의사가 나오는 전문직 드라마(메디컬 드라마)이기도 하며, 막부 말기를 무대로 한 역사물임과 동시에 인정이야기(인정을 소재로 한 소설이나 만담-역주)나 사회파 드라마의 측면도 있어서 다양한 장르가 크로스 오버되는 매우 완성도 높은 작품이었습니다.

하지만 만약 주인공 '진'이 에도 시대로 타임슬립되지 않고 스토리가 현대물로만 전개되었다면 어땠을까요? 혹은 주인공이 원래부터 에도 시대에 태어나서 자란 난방의(蘭方醫, 네덜란드에서 전해진 의술-역주)로 설정되었다면 그 드라마는 과연 그토록 감동적인 이야기가 되었을까요?

현대를 살아가는 주인공이 과거로 타임슬립되는 이야기에는 등장인물이 모두 그 시대의 상식이나 사고방식을 공유하고 있는 역사소설과는 전혀 다른 재미가 있습니다.

예 4에서는 현대를 살아가는 초등학교 4학년 소년이 에도 시대로 돌아가는 것인데, 지금과 에도 시대는 아이들의 학력과 양육 방식이 다르고, 아이들을 둘러싼 어른들의 가치관이나 사는 방법도 다릅니다. 과연 그런 환경에 떨어진 소년이 어떻게 그 격차를 메워나가게 될까요? 그리고 이것은 거의 모든 타임슬립물에 따라오는 문제인데, 이 아이는 과연 무사히 현대로 돌아올 수 있을까요? 이처럼 여러 측면에서 조바심이 나게 만들어 독자들을 끌어들일 수 있는 것입니다.

또한 예 4에서는 경기를 '주산'으로 설정했습니다. 주산은 에도 시대에도 존재했던 도구이므로 이것을 이용한 승부라면, 가령 니혼바시에 있는 대형마트의 매니저나 교토의 포목점 주인 중에 경이적인 주산의 달인이 있었는데, 하는 식이나 번주의 성에서 돌담 보수공사를 하게 되었는데 조금 난해한 계산이 필요하게 되었다, 토목 공사 담당자들이 하나같이 머리를 갸우뚱거리며 어려워하자 주인공이 주산식 암산으로 눈 깜짝할 사이에 풀어냈다, 하는 식으로 그 시대가 아니면 볼 수 없는 캐릭터나 에피소드로 이어갈 수도 있습니다.

반대로 현대의 경기를 과거로 가져갈 수도 있습니다. 앞에서 예로 든 『닥터 진』에서는 에도 시대에는 존재하지 않았던 페니실린이나 콜레라의 치료법을 주인공이 시술하는 장면이 나옵니다. 또 메이지 시대 이후에 일본에 들어온 야구나 축구, 마찬가지로 메이지 시대에 전래된 오셀로 게임과 같은 것을 주인공이 에도 시대 사람들에게 가르쳐서 성 안에서 오셀로 게임이 크게 유행하는 것은 어떤가요? 사무라이가 "방금 것은 오프사이드야!"라고 외치는 것 등은 다소 시대착오적인 면이 없지 않지만, 어떻게 쓰고 어떻게 보여주느냐에 따라서 충분히 매력적인 에피소드가 될 수 있습니다.

판타지물

예 8과 예 10은 판타지물입니다. 예 8은 가공의 나라를 무대로 한

하이판타지물이고, 예 10은 동물 스토리입니다. 그러면 이 두 개의 설정을 '흔한 패턴인지 아닌지'라는 관점에서 살펴보겠습니다.

우선 예 8입니다. 경기 종목 만들기 항목에서 설명했듯이 단순히 '마법'이라는 것만으로는 어떤 경기인지 알 수 없습니다. 가령 공격 마법으로 싸우는 격투기 계통 토너먼트에서

'○○ 왕국의 마법학교에 다니는 주인공이 열등생 반원들(혹은 동료 몬스터들)과 힘을 합쳐서 우등생 팀을 이기는 이야기'

우와, 재미없겠다!

앗, 죄송합니다. 저도 모르게 그만 실례를 범했네요.

농담은 이쯤으로 해두고, 이 플롯만으로는 읽어보고 싶다는 마음이 생기지 않습니다. '꼭 마법이 아니라도 되잖아!'라는 예리한 지적이 귓전에 들리는 것 같군요.

계속 반복하는 말이지만 패턴을 답습하는 것, 그 자체는 나쁜 것이 아닙니다. 다시 말해서 '마법이면서 동시에 스포츠 물'이라는 아이디어 그 자체를 지적하는 것이 아닙니다.

큰 맘 먹고 판타지 물을 쓰는 것이기 때문에 판타지 물에서만 할 수 있는 것을 하자는 말입니다.

네, 뭡니까?

"그러니까 마법이라거나 마법학교를 거론한 것인데요?"

그렇군요. '마법'이나 '마법학교' 모두 독자를 끌어당기는 키워드입니다. 이 키워드를 좋아하는 사람들이 분명히 많이 있습니다.

하지만 마법이 나오는 판타지물은 물론 마법학교가 나오는 판타지물, 마법으로 싸우는 학원물도 선행 작품이 셀 수 없이 많다는 것을 기억하는 것이 좋을 것 같습니다.

이 분야에서 차별화를 꾀하려면 '마법과 스포츠물'을 연계하는 패턴 외에 뭔가 강력한 셀링 포인트가 필요합니다. 특히 앞으로 신인상 공모전을 노리는 사람이 앞에서 설명한 것 같은 시놉시스를 쓰게 된다면 우선 탈락된다고 생각해도 좋을 것 같습니다.

예 10의 동물 스토리에 대해서도 마찬가지입니다.

"유기된 동물들이 어떻게든 입양해줄 사람을 찾기 위해 펫 쇼에 도전한다 → 입양해줄 사람을 좀처럼 찾지 못한 애완동물들 → 주인공 고양이의 활약으로 입양주를 찾아낸 뒤 환호작약!"

이런 플롯만으로는 높은 오락성을 추구하는 독자를 만족시킬 수 없습니다.

그래서 뭔가 셀링 포인트가 될 만한 것, 즉 독자에게 어필할 수 있는 포인트를 만들고자 하는 것인데, 이 셀링 포인트에 대해서는 뒤에서 별도로 항목을 마련해서 설명하도록 하겠습니다.

여기서는 조금 더 판타지나 동물 스토리의 '흔한 패턴'에 대해서 생각해보기로 하겠습니다.

자꾸 반복하는 것 같습니다만,

'○○ 왕국의 마법학교에 다니는 주인공이 열등생 반원들(혹은 동료 몬스터들)과 힘을 합쳐서 우등생 팀을 이기는 이야기'

라는 플롯 자체는 나쁘지 않지만 다음의 조건이 명확했으면 하는 생각이 듭니다.

그 조건이라는 것은,

그 플롯에 마법이 절대 불가결한 것인가?

"사실은 격투기물을 쓰고 싶었는데 취재가 어려울 것 같고 귀찮을 것 같아서 마법으로 해버렸어요."

"사실은 역사물을 더 좋아하는데……(이하 동문)."

그런 이유라면 할 수 없는 일이고, 다만 취재가 귀찮거나 어려워도 원래 쓰고 싶었던 분야에서 조금 더 분투해주었으면 좋겠다는 생각입니다.

동물이 인간처럼 생각하고 말하는 스토리로 해도 마찬가지입니다.

그 플롯은 반드시 동물이 주인공이어야만 하는 스토리인가요?

"아이들이 읽을 동화라서 아이들이 좋아할 만한 사랑스러운 동물을 내세웠습니다."

"이야기의 줄거리를 이것저것 구상해보았지만 특별한 것이 없어 급한 대로 주인공을 동물로 해보았습니다."

그런 이유라면 쓴소리는 못하겠습니다. 글을 쓰는 여러분이 그 이야기에서 무엇을 가장 쓰고 싶은지 다시 한 번 정리해보시기를 권합니다.

동화나 판타지물뿐 아니라 모든 장르에는 "난 이런 장르가 아니면 안 돼!"라고 하는 '광팬'들이 존재합니다. 그런 사람들의 눈에는 '혼신을 다해서 쓴 작품'과 '대충 기분 내키는 대로 쓴 작품'의 차이가 확연하게 드러납니다.

아무리 훌륭한 테크닉을 구사한다 해도 자신이 좋아서 열정을 다해 만든 작품과 의무감이나 특정한 의도를 갖고 만든 작품과 비교했을 때는 전자 쪽이 압도적으로 더 강하게 독자의 마음을 움직입니다.

가공의 나라를 무대로 하거나 마법을 사용하는 판타지물은 취재나 사전 조사가 필요 없을 것 같아서 쉬워 보인다고 생각하는 사람들이 많은 분야입니다. 마찬가지로 동물이 주인공인 동화나 아동문학도 아이들 대상이기 때문에 쉬울 것 같다고 생각해서 쉽게 손을 대는 사람이 많이 있습니다.

하지만 마법이 나오는 스토리에는 내용의 흐름상 마법이 꼭 존재해야 하는 필연성이 있어야 하고, 동물이 주인공인 스토리에는 동물이 주인공이어야 하는 필연성이 반드시 있어야 한다는 것을 항상 명심해야 합니다.

그런 의미에서 예 10의 플롯은 '셀링 포인트'는 많이 부족하지만 주인공이 이야기의 전개상 반드시 동물보호소의 동물이 아니면 안 되는 스토리를 쓰고자 한다면 동물을 주인공으로 내세우는 필연성은 충분하다고 할 수 있습니다.

그럼 여기서 Lesson 1에서 여러분이 만든 '선호 작품 리스트'를 꺼내보시기 바랍니다. 판타지물이나 아동문학, 동화를 쓰고 싶다고 생각하는 여러분의 리스트에 판타지물이나 동화 작품이 어느 정도 포함되어 있습니까?

"어마어마하게 많아요."

"거의 대부분이 판타지물/동화/아동문학이에요."

이렇게 대답한 사람은 그대로 밀고나가시기 바랍니다.

그렇지 않은 사람은 여기에 잠시 멈춰 서서 다시 한 번 자신이 '읽었을 때 즐겁다'고 느끼거나 '재미있다'고 느끼는 작품들을 잘 살펴보시기 바랍니다.

"사실은 본격 미스터리물을 좋아해요."

"며느리와 시어머니의 질척한 애증물(愛憎物) 같은 것을 좋아해요."

"누가 아군이고 적인지 분간할 수 없는 복잡한 콘게임(con game 금융 관련 사기극)이 좋아요."

등으로 '아동 대상의 작품을 쓰고 싶다'라고 말한 사람 중에는 성인 대상의 작품을 훨씬 더 좋아하는 사람이 적지 않습니다.

부디 여러분이 제일 읽고 싶고, 읽어서 즐겁다고 느끼는 분야에 도전하시기 바랍니다. 특히 아마추어 글쓰기 시절에는 앞으로 어떤 이야기를 쓸 것인가를 생각할 때 기준이 되는 것이 '내가 이걸 쓸 수 있을까?', 심지어는 '이게 팔릴까?', '이런 걸 사람들이 좋아할까?'가 아니라 '내가 어떤 이야기를 제일 좋아하지?'라는 것이 출발점이 되어야 한다는 것을 명심하시기 바랍니다.

스토리텔링 연습

지금까지 이야기에서 취급하는 '소재'를 중심으로, '흔한 패턴이란 어떤 것인가?', 그리고 '이야기를 흔한 스토리로 만들지 않기 위해서 작가는 어떤 노력을 해야 하는가?'에 대해서 생각해보았습니다.

다른 패턴과 조합하거나 의외의 소재와 조합시킴으로써 흔한 패턴의 이야기도 재미있을 수 있다는 사실을 아셨으리라 생각합니다.

계속해서 정형화된 이야기가 되지 않기 위한 또 하나의 요소, '어떻게 이야기할 것인가?' 즉, '스토리텔링'에 주목해보기로 합시다.

미스터리와 서스펜스

재미있는 이야기를 읽었을 때 우리는 종종 '앞으로 어떻게 될까?' 또는 '다음 이야기가 궁금하다'고 생각합니다.

독자에게 '다음 이야기가 궁금하다!'고 느끼도록 흥미를 유도하는 테크닉으로 단순하면서도 효과적인 것이 미스터리와 서스펜스입니다. 여기에서 말하는 미스터리는 테크닉의 명칭입니다. 추리소설의 장르를 나타내는 '미스터리 물'과는 다르므로 혼동하지 마시기 바랍니다.

다음의 예를 보시기 바랍니다.

예 1

①주인공이 와인에 독을 넣는다.

②주인공의 지인 A가 그 와인을 마신다.

③A가 죽는다.

이것은 작품 안에서 일어나는 사건을 시계열(時系列) 순으로 나열한 것입니다. 이 이야기를 ③부터 즉, 결말부터 이야기를 시작한다면 어떻게 될까요?

①A가 죽는다

처음부터 갑자기 A가 죽는다. 죽는 방법에 따라 다르겠지만 독자는 우선 '으악!' 하고 놀랍니다. 그 다음에는 '왜 죽었을까?'라는 생각을 하게 됩니다. 그 이유를 알고 싶어서 계속해서 읽게 됩니다.

이것이 미스터리의 수법입니다.

대부분의 추리소설은 이 수법으로 쓰이지만 추리소설뿐만 아니라 다른 장르의 이야기에도 사용됩니다. 예를 들면,

예 2

주인공은 어느 여고의 교사다. 그가 맡은 반에는 평판이 자자한 미모의 여학생이 있다. 어느 날, 그 여학생이 교무실에 들어오더니,

"선생님, 저기 있는 저거, 제가 가져도 되나요?"

소녀가 망설이며 손짓한 것은 다름 아닌 명함 케이스였다. 그 물건은 인쇄업자가 명함을 납품하면서 함께 준 것으로 한참 동안 그곳에 방치되어 있던 것이다.

그 여학생이 왜 그걸 갖고 싶어 하는지 의아하기는 했으나 솔직히 나쁜 기분은 아니어서 교사는 그 명함 케이스를 여학생에게 건네주었다. '그러고 보니 작년 발렌타인데이에 초콜릿을 받은 것 같기도 하네'라는 생각을 하면서. 그때는 그냥 의리상 준 것이라 생각했는데 '혹시 나한테?'라는 생각까지 들었다.

자, 그렇다면 이 미모의 여학생은 왜 하필 선생님의 명함 케이스를 갖고 싶어 했을까요? 그 이유를 알고 싶지 않으신가요?

이 이야기는 실화입니다.

정답은 '여학생이 꽃가루 알레르기가 있어서 수업 중에 코 푼 휴지를 담을 용기가 필요했기 때문'입니다. 여학생의 자리에서는 쓰레기통이 너무 멀고, 그렇다고 해서 주머니나 책상 속에 코 푼 휴지를 잔

뜩 넣어두는 게 싫었던 것이지요.

내게 이 이야기를 들려준 선생님은 그 여학생이 수업 중에 '팽' 하고 코를 푼 다음 그 휴지를 예의 그 명함 케이스에 넣을 때마다 매우 복잡한 심경이 되었다고 합니다.

여하튼 이런 후일담은 뒤로 하고, 이 에피소드를 시계열 순으로 나열하면 어떻게 될까요?

예 3

① 꽃가루 알레르기가 있는 미모의 여학생이 교무실에 간다.

② 선생님의 책상 위에 있는 명함 케이스를 발견한다.

③ 코 푼 휴지를 넣는 데 딱 맞을 것 같다는 생각이 든다.

④ 선생님한테 부탁해서 명함 케이스를 받는다.

예 3을 보면 '그래서 뭐 어쨌다고?'라는 느낌이 들지 않나요? 아무런 재미가 없습니다. 그러나 예 2를 보면 그 뒷얘기가 궁금해집니다. 이야기의 시간 순서를 조금 비트는 것만으로도 독자의 호기심을 자극할 수 있다는 사실을 이제 아셨으리라 생각됩니다. 마찬가지로 시계열을 치밀하게 만드는 방법으로 서스펜스가 있습니다. 다시 한 번 예 1을 봅시다.

예 1

① 주인공이 와인에 독을 넣는다.

② 주인공의 지인 A가 그 와인을 마신다.

③ A가 죽는다.

이번에는 이것을 ②의 중간에서 중단시켜 보겠습니다.

① 주인공이 와인에 독을 넣는다.

② 주인공의 지인 A가 그 와인을……

와인을 어떻게 한 거야? 마신 거야? 안 마신 거야? 이것이 만약 TV 드라마라면 A가 와인 잔을 들고 막 마시려는 순간에 광고가 나옵니다.

소설이라면 여기서 장면이 바뀌면서 전혀 다른 이야기를 시작해버립니다. 그러면 독자는 "그래서 그 다음은 어떻게 된 거지?"라며 흥미를 갖고 계속 책장을 넘기게 되는 것입니다.

이렇듯 서스펜스 기법은 '중요한 순간에 중단할 것'인데, 또 하나, 반드시 하지 않으면 안 되는 것이 있습니다. 그것은 바로 예고(豫告)입니다.

예 1에서는 주인공이 와인에 독을 넣었다는 사실을 독자들에게 미리 알려줍니다. 이 사실을 알려주지 않으면 A가 와인을 막 마시려는 순간 장면 전환이 되어도 아무런 서스펜스도 느껴지지 않는다는 사실은 여러분도 잘 아시리라 생각됩니다.

예고 없음, 즉 독을 넣었다는 사실을 독자들에게 말하지 않고 A가 와인을 마신다 → A가 죽는다, 라는 전개로 쓴다면 이것은 앞에서 말한 미스터리가 됩니다.

이상으로 미스터리와 서스펜스를 만드는 법과 이 두 개 사이의 차이점에 대해서 설명을 했습니다. 이제 어느 정도 이해가 되셨나요?

그러면 다음으로 미스터리와 서스펜스를 더 흥미진진하게 만들기 위해서 작가는 어떤 고민을 해야 하는지에 대해서 생각해보기로 하겠습니다.

매력적인 미스터리, 매력적인 예고

앞에서 이야기한 명함 케이스의 에피소드처럼, 순서를 따라 가다보면 특별할 것이 없는 이야기에서 중간 신만 떼어내도 "이건 뭐지?"라는 느낌을 갖게 되는 것들이 찾아보면 꽤 있습니다.

초보 작가인 여러분에게는 우선 자기 주변에서 일어나는 '장면을 대입시켜 재구성하는' 훈련을 권합니다. 독자들을 깜짝 놀라게 해줄 매력적인 미스터리가 우리 가까이에 널려 있을지도 모르니까요.

미스터리를 쓸 경우, 맨 처음에 가져올 신을 얼마나 재미있게 쓸 것인가를 고민하는 것이 중요합니다.

그저 사람이 죽는 것으로 그치는 것이 아니라, 웬일인지 절단된 피해자의 목이 인형의 목으로 바꿔치기되어 있다, 라거나 그 지방에서 예로부터 내려오는 구전노래의 노랫말처럼 사람이 죽어간다, 이런 식의 에피소드는 작가가 이야기를 재미있게 만들기 위해서 열심히 서비스하는 부분입니다.

물론 작품 가운데는 피해자의 머리를 바꿔치기하거나 노래 가사처럼 연쇄살인을 범하거나 하는 캐릭터에는 그런 만큼의 필연성이 뒤따르지만, 우선은 '이런 신을 첫 장면에 가지고 오면 재미있지 않을까?'라는 이미지를 키워나가는 것이 중요합니다.

서스펜스도 마찬가지입니다. 앞에서 설명한 것처럼 서스펜스에서는 첫 신에서 '앞으로 무슨 일이 일어날 것인가?'라는 예고를 하게 되는데, 여기에서 독자가 예상하는 결과가 터무니없는 것일수록 이야기의 흡인력은 높아집니다.

예 1의 와인과 독이라면 어떤 독인가? 어떤 시추에이션에서 지인 A가 그 독을 마시는가? 그 설정을 바꾸는 것만으로도 작가는 이야기의 텐션을 자유자재로 조종할 수 있게 됩니다.

가령 독이 청산가리라면 죽는 사람은 A만으로 끝나지만, 매우 감염력이 높고 치사율도 높은 바이러스였다면 어땠을까요? 게다가 그곳이 각국의 수뇌들이 모이는 국제회의장이라면? 혹은 주인공과 지인 A는 서로 사랑하는 연인 사이로, 아무리 생각해도 주인공에게 A를 죽일 동기가 없는데도 와인에 독을 넣고 있다. A는 아무 의심 없이 와인잔을 들고…… 라는 식으로 만든다면 서스펜스와 마찬가지로 '도대체 왜 그런 짓을 할까?'라는 미스터리도 가능합니다.

이러한 아이디어를 생각했을 때 '당장은 좋은 생각이 떠오르지 않는다'라는 사람은 오즈본의 체크리스트 같은 것을 활용하면 발상할 때 마중물 역할을 해주게 될 것입니다.

오즈본의 체크리스트

오즈본(A. F. Osborn)에 의한 발상 기법. 어떤 테마에 대해서 다음의 아홉 가지 질문을 던짐으로써 발상의 범위를 넓히거나 사고방식을 전환한다.

① 전용(轉用) : 다르게 사용하는 길은 없을까?

② 응용(應用) : 비슷한 것을 흉내 내거나 다른 것에서 아이디어를 빌려올 수는 없을까?

③ 변경(變更) : 의미, 색깔, 기능, 소리, 냄새, 양식 등을 바꿔본다면 어떨까?

④ 확대(擴大) : 늘이거나 확대해보면 어떨까?

⑤ 축소(縮小) : 줄이거나 크기를 축소해보면 어떨까?

⑥ 대용(代用) : 사람이나 소재, 만드는 법을 다른 것으로 대신 사용해보면 어떨까?

⑦ 재이용(再利用) : 요소, 형태, 배치, 순서를 바꾸어 넣어보면 어떨까?

⑧ 역전(逆轉) : 가치나 입장, 시계열을 거꾸로 해보면 어떨까?

⑨ 결합(結合) : 인물, 사건, 장르, 요소 등을 조합해보면 어떨까?

작품의 셀링 포인트 정하기

이상으로 스토리의 대략적인 흐름과 주요 캐릭터가 정해졌고, 디테일과 스토리텔링 방식이 정해졌습니다. 이제 단 하나, 여러분 작품의 '셀링 포인트'를 결정하는 일만 남았습니다.

그러면 지금까지 여러분이 써온 플롯이나 주요인물의 메모 등을 한번 훑어보시기 바랍니다.

작품의 '셀링 포인트'는 무엇입니까?

"……."

"……."

어떻게 된 거예요? 여러분 작품의 재미난 점을 말씀해주시면 되는 거예요.

"굳이 말하자면 세계관이라고나 할까요."

세계관이 어떻게 재미있는 건가요?

"……."

아니, 그렇게 대답하기 어려워하시니 제가 다 난처해지네요. 제가 추궁하려는 것은 아닌데, 사실 이런 식의 질문은 아무래도 거북한 건 사실이에요. "제 작품의 이런 점이 무척 재미있어요!"라며 스스로 자랑하는 건 아무래도 어려운 일인지도 모르겠네요.

그러면 질문을 한번 바꾸어보도록 하겠습니다. 여러분이 최근에 읽은 책, 혹은 드라마나 영화도 상관없으니 재미있다고 느낀 작품은 있나요?

"애니메이션 같은 것도 괜찮나요?"

물론 괜찮습니다.

“그렇다면 『타이거 앤 버니(TIGER & BUNNY) 』가 재미있었어요.”

그 애니메이션의 어떤 점이 재미있었나요?

“글쎄요. 여하튼 앞으로 어떻게 이야기가 전개될지에 대한 감히 전혀 안 잡혔어요. 그리고 주인공의 캐릭터가 무척이나 마음에 들었어요. 히어로물인데도 인간관계가 돈독하고…….”

네, 좋습니다. 지면상으로는 못 느끼시겠지만 이 이야기를 들려준 학생은 이야기를 하면서 시종일관 즐거운 표정으로 싱글벙글 웃고 있었습니다. 자기가 좋아하는 이야기를 할 때는 모두가 그런 표정이 됩니다.

그렇다면 지금 학생이 이야기한 포인트가 바로 본인에게는 『타이거 앤 버니』의 ‘셀링 포인트’가 되는 것입니다. 재미있는 부분이 무척 많았던 모양인데, 그 중에서도 가장 좋았다고 생각되는 부분은 어디입니까?

“음…… 역시 한치 앞도 예측할 수 없었던 부분이 아닐까요?”

가슴이 마구 설레었나요?

“네, 마구 설레었어요.”

좋습니다. 그러면 본인의 작품도 그렇게 만들어보시기 바랍니다.

“네?”

그러니까 본인의 작품도 앞으로 어떤 전개로 이어질지 전혀 예측할 수 없게 만들라고요.

"그런 말도 안 되는 말씀을……."

터무니없는 말이 아니에요. 스토리 전체를 그렇게 만들려고 생각하니까 막막해지는 거지요. 우선 단 한 부분만 그런 전개로 만들어보려고 시도해보세요. 아주 작은 것도 상관없습니다. 그러면 어떤가요? 가능할 것 같지 않나요?

"글쎄요, 그 정도라면 어떻게든 해볼 수 있을지도 모르겠네요."

오케이! 그 부분이 작품의 '셀링 포인트'가 됩니다.

"예?"

뭐죠? 납득이 안 간다는 얼굴이네요?

"기껏 그 정도의 것이 '셀링 포인트'라고요?"

그렇게 생각된다면 그것으로 된 거예요. 그럼 그 외에 어떤 '셀링 포인트'를 원하시나요?

"역시 캐릭터는 살아 있어야 하고요, 잘생긴 남자 캐릭터가 활약하는 장면도 있어야 하고요."

좋아요. 지금 말씀하신 것은 전부 메모해주세요.

이 책을 읽고 있는 여러분도 여기에서 잠시 시간을 갖고 '셀링 포인트'의 리스트를 만들어두는 것도 좋을 것 같습니다. 처음에는 너무 욕심내지 말고 많게는 세 개 정도로 해두십시오. 세 개로 압축하기 힘든 사람은 쓰고 싶은 만큼 전부 써놓은 뒤에 베스트 3를 가려내는 것도 좋을 것 같습니다.

다 쓰셨나요?

그러면 학생들의 대답을 한번 보기로 하겠습니다.

답변 예

- 앞으로의 전개를 전혀 예측할 수 없다
- 남자 주인공이 멋지게 활약하는 장면이 있다
- 세계관이 멋지다

좋은데요? 그러면 이 중에서 또 베스트 1을 뽑아주십시오. 『타이거 앤 버니』에서는 '앞으로의 전개를 전혀 예측할 수 없다'가 베스트 1이었는데, 본인의 작품에서도 '앞으로의 전개를 전혀 예측할 수 없다'가 베스트 1인가요?

"제 작품에서라면…… '세계관이 멋지다' 쪽이 낫겠습니다."

알겠습니다. 그러면 구체적으로 여러분이 생각하는 '멋진 세계관'이란 어떤 세계관을 말합니까?

"글쎄요. 조금 어둡고 다크한…… 전체적으로는 모노톤의 느낌이고요, 퇴폐적이면서 세기말적인 느낌이랄까. 영화에서 말하자면 『상해탄(Shanghai Grand)』이나 『다크 시티』 같이 밤 장면이 많은 느낌입니다."

네, 그렇군요. 꽤 명확한 이미지를 갖고 계신 것 같네요. 좋습니다. 그러면 또 하나. 지금 말씀하신 세계관을 좀 더 여러분의 기호에 맞게 만든다면 어떤 편집으로 가겠습니까?

"좀 더 제 취향대로 만든다면, 흠……(꽤 긴 침묵 후에)…… 전차 소리를…… 넣고 싶어요."

전차 소리를 말씀하시는 건가요?

"밤에 인적이 드문 길을 걷고 있으면 멀리서 전차 소리가 들려오잖아요. 덜컹, 덜컹, 덜컹 하면서 아무도 없는 길에서 기적 소리 같은 걸 듣고 있으면 뭐랄까, 왠지 고독하다고나 할까, '아, 나는 혼자구나!' 뭐 이런 생각을 하게 될 것 같아서요. 그런 장면을 넣고 싶어요."

아, 좋은데요! 멋져요. 이 한 소절을 읽고도 그 장면이 왠지 눈앞에 떠오르는 사람도 많을 것 같아요.

다크한 느낌, 세기말적인 분위기의 세계를 그린 소설이나 영화는 지금까지도 많이 있었습니다. 하지만 거기에 아무도 없는 길에서 들려오는 기적 소리, 그것을 듣는 순간 쓸쓸하고 고독하다고 느끼는 심상을 조합한 것은 본인만의 창작입니다.

이 부분은 이 이야기의 '셀링 포인트'가 되기에 충분할 것 같지 않나요?

"……네."

'셀링 포인트'를 만들려고 '인기에 편승'하거나 '억지 감동을 강요'하게 되면 왕왕 어깨에 힘이 들어가고 맙니다.

그렇게 하는 대신 자신이 좋아하는 무언가, 재미있다고 느끼는 무언가에 여러분의 취향을 더해 특화하기 위해서는 어떻게 하면 좋을지를 생각해보시기 바랍니다.

여러분의 개성, 여러분의 독창성, 다시 말하면 '이건 좋고, 이건 싫다'라는 기호의 집적입니다.

모든 좋아하는 것과 싫어하는 것은 이미 이 세상에 존재하는 것들이지만, 그것들을 조합해서 만든 '당신'이라는 개성은 이 세상에 단 하나뿐입니다.

부디 자신감을 갖고 여러분이 '좋아하는 것'을 '스토리'라는 형태로 완성해 나가기를 바랍니다.

에필로그

강좌 첫날, 저는 제가 가르치는 대학이나 문화센터에서 학생들에게 늘 똑같은 질문을 합니다.

여러분은 앞으로 어떤 작품을 쓰고 싶습니까?

"장르소설이나 게임 시나리오 같은 거요."(대학생 · 남성)

"만화의 원작을 쓰고 싶어요."(대학생 · 여성)

"졸업 작품으로 시나리오를 한 권 써야 해서요."(대학생 · 여성)

"남들에게 보여줘도 부끄럽지 않은 글을 쓰고 싶어요."(70대 · 남성)

"음…… 소설이나 동화 같은 거?"(30대 · 여성)

"어려운 것은 별로이고요, 그림책이나 아동 대상 책이라면 재미있게 쓸 수 있지 않을까 해서요."(40대 · 여성)

'소설'이나 '동화', '만화의 원작'은 '어떤 형태로 표현 · 전달하는가?'이며 이는 다시 말해서 매체(媒體)를 나타내는 언어입니다.

저는 매체를 물어본 것이 아니라 '어떤 이야기를 쓰고 싶습니까?'라고 물어본 것인데요.

"음, 막판에 스토리를 완전히 뒤집어버리는, 이른바 '막판 역전'이야기라고나 할까요."(60대 · 남성)

"뭔가 감동적인 이야기?"(30대 · 여성)

"몽환적이고 초현실적인 이야기요."(대학생 · 남성)

"재미있는 이야기라면 뭐든지 다 좋아요. 여하튼 무슨 글이든 쓸 수 있었으면 좋겠어요."(대학생 · 여성)

거의 모든 학생이 이런 느낌으로 딱히 명확한 대답을 내놓지 못합니다. 대답할 때의 표정도 모호하고 자신감이 없어 보입니다.

그러면 저는 또 다른 질문을 합니다.

여러분은 어떤 작품을 좋아합니까?

"감동스러운 이야기요!(대학생 · 여성)

"모에 계(서브컬처를 일컫는 속어로 주로 애니메이션, 만화, 게임 등에 등장하는 캐릭터에 대한 강한 호감을 나타내는 언어로 사용됨-역주)"(대학생 · 여성)

"여기서 말해도 될지 모르겠지만…… BL(Boy's Love에서 온 말로 소년들의 동성애를 다룬 작품-역주) 같은 거요."(대학생 · 여성)

"러브스토리 같은 거요. 그리고 사람들을 울리는 최루성 스토리를 꽤 좋아합니다. 서로 사랑하는데 결국은 헤어진다거나 하는 이야기 말이에요."(40대 · 여성)

"여우와 너구리가 서로 상대방의 모습으로 둔갑하는 것 같은 이야기를 좋아해서 자주 읽습니다. 마지막에 사실은 모두가 도사였다, 뭐 이런 거요. 그리고 최근에는 브루스 윌리스의 『언브레이커블(Unbreakable)』이라는 영화를 재미있게 봤습니다."(60대 · 남성)

와, 막 나오네요! 아까까지 흐르던 묘한 침묵이 마치 거짓말인 양 이번에는 여러분이 눈을 반짝거리면서 말씀하시네요.

'감동적인 이야기'라는 대답은 이전 질문에서도 나왔었지만 말하는 사람의 표정이 그때와는 완전히 다릅니다.

앞에서 '감동'을 거론했던 학생은 말하면서도 뭔가 석연치 않고 애매한 느낌이 들었었는데, 이번에는 적어도 머릿속에서 구체적인 작품 몇 가지를 떠올린 것이 아닐까 생각될 만큼

말끝을 흐리지도 않고 끝맺음이 분명하면서 무척 즐거운 듯이 만면에 미소를 띠고 있어요.

그래요, 이 느낌을 꼭 기억하시기 바랍니다.

지금부터 작품을 쓰려고 할 때, 초심자나 혹은 작품을 공모하려고 준비 중인 중급자 이상의 분들 중에도 어깨에 힘이 들어가서 자신에

게 억지로 쓸 것을 명령하는 느낌이 들 때가 종종 있습니다.

이때 그 사람의 머릿속은 이른바 '~ 해야 해', '~ 해서는 안 돼'라는 몇 몇 강박관념에 사로잡혀서 글 쓰는 일을 즐길 수 없게 됩니다.

부디 조금 더 긴장을 푸시기를 부탁드립니다. 쓰는 것 자체를 충분히 즐기십시오.

학교나 직장에서 몇 가지 재미있는 일이 벌어졌습니다. 그 일을 친구에게 이야기할 때 여러분은 긴장을 하고 이야기합니까?

"긴장하지요. 상대가 내가 좋아하는 사람이라면요."

그렇군요. 상대가 내가 마음에 둔 사람이라면 역시 중압감 때문에 제대로 얘기할 수 없는 경우가 종종 있지요. 상대방이 어떻게 반응할지, 또 자신을 어떻게 생각할지에 온통 정신이 팔려서 정작 중요한 '재미있었던 느낌'은 까맣게 잊어버리게 되기 때문이죠.

반면에 상대가 가족이나 친한 친구처럼 편하게 마음 터놓을 수 있는 사람이라면 어떨까요? 여러분은 완전히 편한 마음으로 이야기하게 되고 간간이 애드리브를 넣기도 하고 농담도 섞어가면서 여유까지 부리지 않나요?

결국 어느 쪽의 이야기가 재미있어질지는 말할 필요도 없겠지요?

이 현상은 여러분이 무언가를 쓸 때도 해당됩니다. 바짝 긴장을 해서 글을 쓰는 것보다 긴장을 풀고 즐겁게 쓰는 편이 단연 재미있는 작품이 나올 수 있습니다.

"긴장을 풀라고 해서 말처럼 금방 풀릴 것 같으면 고생 같은 건 안 하겠죠."

네, 바로 그것입니다! 그렇기 때문에 이 책은 '편하게', '긴장을 풀고' 쓸 수 있도록 구성되었습니다.

"저는 늘 즐겁게 글을 쓰고 있고, 중압감도 특별히 느끼지 않아요. 하지만 그렇게 해서 이야기를 중간까지는 잘 끌고 가지만 문제는 끝까지 다 완성하지 못한다는 것이에요."

이 경우도 강의실에서는 자주 듣는 고민입니다. 그런 분을 위해서 '어찌되었던 간에 끝까지 이야기를 완성할 수 있도록' 도와드리자는 마음으로 이 책을 썼기 때문에, 처음부터 차례대로 따라가다 보면 끝까지 마무리할 수 있도록 구성되어 있습니다.

이 책의 내용은 기본적으로는 초심자 대상이지만 "최근에 왜 그런지 글이 잘 안 써져요."라고 말하는 중급자 이상의 작가들도 활용할 수 있는 테크닉도 함께 실었습니다.

이 책이 여러분의 스토리텔링에 도움이 되기를 진심으로 바라마지 않습니다.

대단히 감사합니다.

신인 작가를 위한 실전강의

스토리텔링 7단계

초판 1쇄 발행 2015년 7월 17일　초판 7쇄 발행 2025년 3월 14일
지은이 마루야마 무쿠　옮긴이 한은미　펴낸이 김영범

펴낸곳 (주)북새통 · 토트출판사
주소 서울시 마포구 월드컵로36길 18 삼라마이다스 902호 (우)03938
대표전화 02-338-0117　팩스 02-338-7160
출판등록 2009년 3월 19일 제 315-2009-000018호　이메일 thothbook@naver.com

ISBN 978-89-94702-50-6 13190